KB260593

어서 와,
중등 비문학은
처음이지?

하

어서와, 중등 비문학은 처음이지?

하

고등학교에 가기 전에
반드시 익혀야 할
비문학 독해에 관한
모든 것

배혜림 글
편히 그림

데이스타
Daystar

세상을 읽고, 나를 요약하는 힘 

중학교 국어 과목에 '요약하기'라는 단원이 있습니다. 이 단원에서는 비문학 글을 읽고 문단별 중심 문장을 찾고 문장의 구조를 정리하는 방법을 공부합니다. 학생들에게 꼭 필요한 읽기 능력과 사고력, 정리 능력을 길러 주는 이 단원은, 고등학교 비문학 독해와 관련 있는 중요한 단원입니다. 그런데 학년 말 학생들에게 가장 어려웠던 단원이 무엇이었는지 물으면 많은 학생이 요약하기 단원을 꼽습니다. 요약하기는 단순히 내용을 줄이는 활동이 아닙니다. 글의 핵심을 파악하고 논리 구조를 이해해 간결한 표현으로 재구성하는 복잡한 사고의 과정입니다. 이를 위해서는 충분한 독해력과 문해력이 바탕이 되어야 합니다. 이 단원을 가르치며 수업 시간마다 함께 글을 읽고 중심 문장을 찾으며 연습하지만 여전히 요약하기는 어려운 과제로 남아 있습니다.

“어떻게 하면 요약을 덜 부담스럽게 느낄 수 있을까?”
“어떻게 하면 재미있게 요약의 원리를 익힐 수 있을까?”

이 책은 학생들이 어떻게 하면 비문학을 좀 더 쉽게 접할 수 있을지에 대한 고민으로 만들었습니다. 수능 국어 영역에서 다루는 다양한 영역의 글을 수월하게 읽도록 해야겠다고 생각했습니다. 이 책은 중학생이 비문학 글을 보다 능동적으로 읽고 요약할 수 있도록 돕기 위해 썼습니다. 중학교 교사의 눈으로 중학생이 알아야 할 주제를 선별해 중학생 눈높이에 맞추었습니다. 글을 읽는 데 그치지 않고 배경지식도 확장할 수 있도록 내용을 구성하고 중심 문장을 찾아 요약하는 활동을 통해 자연스럽게 사고력도 키우도록 유도했습니다. 무엇보다 이 책이 공부처럼 느껴지지 않으면 좋겠습니다. 부담 없이 읽고 자연스럽게 세상을 이해하고 글을 두려워하지 않기를 바랍니다. 복잡한 글을 읽더라도 중심을 놓치지 않고 의미를 파악하는 힘, 다양한 정보를 스스로 정리하고 판단하는 힘을 기를 수 있다면 그것만으로도 이 책은 충분한 역할을 했다고 생각합니다. 이 책을 통해 세상을 읽고 나를 요약하는 힘을 키울 수 있기를 진심으로 응원합니다.

배혜림

차례

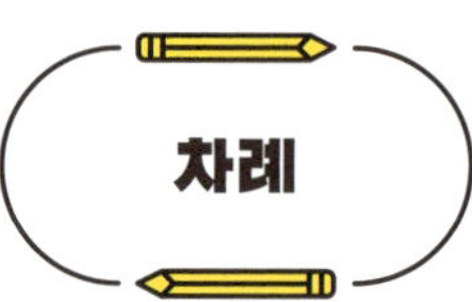

1장

환경

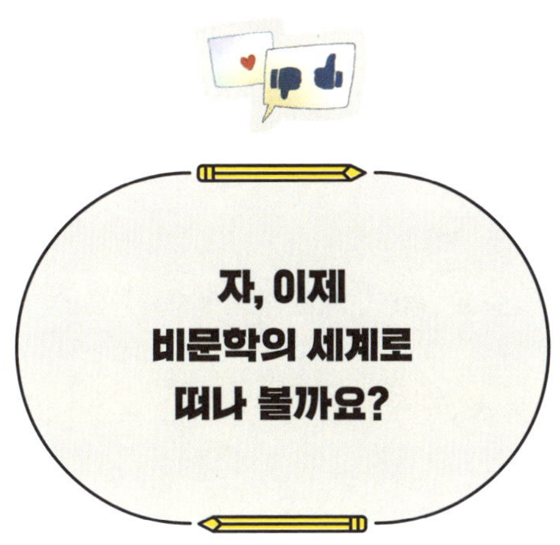

자, 이제
비문학의 세계로
떠나 볼까요?

1장
환경

기후 변화는 우리의 삶에 어떤 영향을 미칠까?

　　기후 변화는 우리 삶에 영향을 미치는 중요한 문제이다. 최근 몇 년 동안 지구의 평균 기온이 상승하고 있다. 원인에는 여러 가지가 있지만, 그중에서도 특히 온실가스의 증가가 기온 상승의 큰 원인 중 하나이다. 온실가스는 대기 중에 존재하며 지구의 열을 가두는 역할을 하는데, 온실가스가 점점 증가함에 따라 지구가 따뜻해지는 것이다. 소가 음식을 소화할 때 발생하는 메탄가스는 온실가스 중 하나이다. 이 온실가스는 이산화탄소보다 20배 이상 강력해서 지구 온난화에 큰 영향을 미친다. 이런 이유로 소의 방귀가 기후 변화에 미치는 영향을 줄이기 위한 노력의 일환으로, 일부 나라에서는 소를 키우는 농가에 '소 방귀세'를 부과하기도 한다.

　　지구 온난화는 여름에는 더 더워지고 겨울에는 더 추워지는 기후 변화를 초래한다. 기후 변화는 우리 생활에도 영향을 미친다. 기후 변화로 농작물의 생산량이 줄어들면 식량 가격이 상승할 수 있다. 미국에서 이상 고온 현상으로 곡물 가격이 급등한 적이 있고, 우리나라에서도 여름에 무더위와 집중 호우로 채소 생산이 줄어 채소 가격이 급등한 적도 있다. 이렇게 기후 변화가 계속되면 농사 환경이 바뀌어서 쌀 생산량이 줄어들고 사과와 고랭지 배추의 재배 면적이 감소하게 된다. 이는 곧 물가가 오르고 우리 생활에 직접적인 영향을 미치는 주요 원인이 된다.

　　전 세계는 기후 변화를 막기 위해 평균 기온 상승을 2℃ 이하로 제

 이는 기후 변화에 관한 정부 간 협의체 IPCC가 제시한 경고에 기반한 것으로, IPCC는 지구의 평균 기온이 2℃ 상승할 경우 생태계와 인류에 치명적인 영향을 미칠 것이라고 했다. 위기를 인식한 국제 사회는 2015년 기후 변화에 대응하기 위한 국제적인 노력의 일환으로 각국이 온실가스 배출을 줄이기 위한 목표를 설정하고 이를 실행할 것을 약속하는 파리 협정을 체결했다. 이 협정의 목표는 지구 평균 기온의 상승을 2℃ 이하로 제한하는 것이다. 각국은 이 목표를 달성하기 위해 자국의 상황에 맞는 온실가스 감축 목표를 설정했으며, 우리나라는 2030년까지 온실가스를 40%(2021년 발표 기준) 줄이겠다는 목표를 세웠다.

기후 변화는 이미 일어나고 있다. 만약 지구가 견딜 수 없을 정도로 기후가 변화한다면 그 뒤의 상황은 감히 예측할 수 없다. 우리는 어떻게든 기후 변화를 늦추기 위해 노력해야 한다. 하나의 예시 사례로, 스팸의 뚜껑이 실제로는 보관에 큰 의미가 없다는 것을 알게 된 소비자들이 스팸 뚜껑 반납 운동을 벌여 스팸의 플라스틱 뚜껑을 없앤 것처럼 많은 사람의 실천이 모이면 기업이나 정부 등에 영향을 미쳐 사회적 변화를 이끌어 낼 수 있다. 기후 변화를 줄이기 위해 지금 내가 할 수 있는 일을 생각해 보고 그것을 실천으로 옮겨 보도록 하자.

똑똑하게 분석해 봅시다

- 문단별로 핵심어를 찾아 동그라미 표시해 보세요.

- 각 문단의 중심 내용을 정리해 보세요.

  1문단:

  2문단:

  3문단:

  4문단:

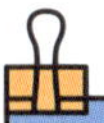

자유롭게 생각해 봅시다

- 기후 변화에 대해 느껴본 적이 있나요? 기후 변화를 위해 개인의 노력이 필요하다는 의견에 찬성 또는 반대한다면 그 이유는 무엇인가요?

- 기후가 변화하는 것은 자연스러운 현상이지만 너무 급격하게 변한다면 사람뿐 아니라 많은 생명체가 위험에 처하게 되는 심각한 문제입니다. 기후 위기를 막기 위한 방법에는 또 어떤 것이 있을까요?

분명하게 표현해 봅시다

- 어떻게 하면 기후 위기를 극복할 수 있을지 기후 위기를 극복하기 위한 우리의 노력에 대한 나의 생각을 정리해서 적어 봅시다.

기후 변화는 우리 삶에 중대한 영향을 미치며 이를 해결하기 위해서 개인과 기업의 노력이 필수적입니다. 이러한 노력의 일환으로 '탄소 발자국'이라는 개념이 중요해졌습니다. 탄소 발자국은 개인이나 기업이 활동하거나 제품을 생산할 때 발생하는 이산화탄소의 배출량을 나타내는 수치로 환경 영향의 척도로 사용됩니다.

이는 각 단계에서 배출되는 이산화탄소의 양을 시각적으로 보여줌으로써 자신의 환경 영향을 인식하고 줄이는 데 도움을 주고자 했습니다. 환경부의 '탄소 중립 포인트 제도'와 같은 정책을 통해 개인과 기업이 에너지 사용량을 줄이고 탄소 발자국을 감소시키도록 유도합니다. 탄소 중립이란 온실가스 배출량을 최대한 줄이고, 남은 배출량은 흡수하거나 상회하는 방법으로 이산화탄소 순 배출량을 '0'으로 만드는 것을 목표로 합니다. 탄소 중립을 이루려면 먼저 탄소 발자국을 줄여야 합니다.

일상에서 탄소 배출량을 줄이는 방법은 생각보다 다양합니다. 우선 냉난방 온도 조절하기입니다. 냉난방 온도를 1℃ 조정하면 연간 110kg의 이산화탄소를 줄일 수 있으며 냉난방 비용도 약 34,000원 정도 절약할 수 있다고 합니다. 사용하지 않는 가전제품의 플러그를 뽑는 것도 좋은 방법입니다. 대기 전력은 에너지 사용 기기 전체 이용 전력의 약 10%를 차지하므로 플러그를 뽑아두는 것만으로도 상당한 에너지를 줄일 수 있습니다. 탄소 발자국을 줄이기 위해 할 수 있는 일이 무엇이 있는지 생각해 보고 이를 실천으로 옮겨 지구를 보호하면 좋겠습니다.

답

1문단: **기후 변화와 온실가스의 증가**   2문단: **기후 변화가 우리의 생활에 미치는 영향**

3문단: **국제 사회의 기후 변화 목표와 노력**   4문단: **개인의 실천이 중요한 기후 대응**

2 환경 보호를 위한
쓰레기 없는 일상이 가능할까?

전 세계적으로 친환경 삶을 실천하는 대규모 친환경 캠페인이 시행되고 있다. 그린피스는 세계에서 가장 유명한 환경 보호 단체로, 환경 파괴에 대한 경각심을 일깨우고 환경 보호를 위해 다양한 활동을 한다. 그린피스가 2020년부터 실시한 '용기 내 캠페인'은 이러한 노력으로, 소비자들이 집에 있는 다회용기를 들고 대형 마트에 방문해 원하는 제품을 담아 구매하는 것이다. 이 캠페인은 그릇을 뜻하는 '용기容器'와 씩씩한 기운을 나타내는 '용기勇氣'라는 동음이의어를 활용하여 '환경 보호를 위해 용기를 내자'라는 메시지를 담고 있다.

'용기 내 캠페인'에 참여하려면 제품을 다회용기에 포장해 달라고 요청하면 된다. 처음 시도하기에 채소와 과일이 가장 좋은 품목으로, 이때 흙이 많은 채소는 흙을 털기 쉽고 통풍이 잘되는 천 주머니를 이용하면 효과적이다. SNS에 '#용기내' 해시태그를 사용해 인증 사진을 올리면 캠페인에 참여할 수 있다. 이 캠페인은 트렌드에 민감한 젊은 세대 사이에 자리 잡았다. '용기 내 캠페인'이 확산되면서 배달 음식을 다회용기에 담아달라고 요청하거나 음료를 텀블러에 마시는 경우가 늘었다. 추세에 힘입어 식당에서도 다회용기를 사용하는 소비자들에게 할인하거나 서비스를 제공하기도 한다. 이러한 '용기 내 캠페인'은 일회용품을 술이고 플라스틱 쓰레기의 양을 줄이는 네 크게 기여하고 있다.

환경 오염과 지구 온난화 등 환경에 대한 사람들의 관심이 높아짐에 따라 전 세계적으로 환경을 보호하려는 다양한 움직임이 나타나고 있다. 그 중 '제로 웨이스트^{Zero Waste}' 운동이 대표적인 예이다. 제로 웨이스트는 말 그대로 쓰레기를 만들지 않는 것이다. 제로 웨이스트 국제 연맹에 따르면 이 운동은 모든 제품의 자재를 태우지 않고, 환경이나 인간을 위협할 수 있는 물질을 배출하지 않으며, 책임 있는 생산, 소비, 재사용 및 회수를 통해 자원을 보존하는 것을 목표로 한다. 이는 단순히 재활용이나 재사용의 개념을 넘어 모든 상품을 다시 사용할 수 있도록 자원 순환 구조를 만드는 생활 방식을 지향한다.

개인의 작은 실천이 모여 큰 변화를 만들어 낼 수 있다는 점에서 환경 운동은 매우 중요하다. 쓰레기가 환경을 얼마나 오염하는지 깨닫고 환경을 보호하기 위해서 무엇을 어떻게 해야 할지를 구체적으로 알려 주기 때문이다. 이렇게 쓰레기를 줄이기 위한 다양한 운동을 통해 다음 세대에 더 깨끗하고 건강한 지구를 물려줄 수 있다. 우리의 작은 실천이 모여 큰 변화를 만들 수 있음을 잊지 말고, 더욱 많은 사람이 환경 보호에 동참하도록 지속적으로 알리고 실천해야 한다.

똑똑하게 분석해 봅시다

- 문단별로 핵심어를 찾아 동그라미 표시해 보세요.

- 각 문단의 중심 내용을 정리해 보세요.

  1문단:

  2문단:

  3문단:

  4문단:

자유롭게 생각해 봅시다

- 나는 평소 환경을 보호하기 위해 노력하는 편인가요? 환경을 보호하기 위한 좋은 방법으로 무엇이 있을까요?

- 위에서 제시한 방법 외에 환경을 보호하기 위해 우리가 할 수 있는 다른 방법은 없을까요?

분명하게 표현해 봅시다

- 환경을 오염시키지 않기 위해서 환경을 보호해야 합니다. 환경을 보호하기 위한 다양한 방법들이 환경을 어떻게 보호하는 걸까요? 환경 오염과 환경 보호에 대한 나의 생각을 정리해서 적어 봅시다.

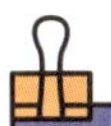

　해마다 최고 기온을 갱신하며 폭염과 열대야가 증가하고 있습니다. 겨울은 짧아지고 북극 얼음은 녹아 북극곰의 서식지가 줄어들고 있습니다. 2008년, 북극곰은 미국 멸종 위기종 보호법에 의해 멸종 위기종으로 지정되었습니다. 이러한 기후 변화는 쓰레기의 문제와 깊은 연관이 있습니다. 특히 플라스틱 쓰레기의 급증은 해양 생태계에 심각한 위협을 가하고 있습니다. 해양 생물이 플라스틱을 섭취하면 생태계의 먹이 사슬이 무너지고, 이는 생물 다양성의 감소로 이어집니다. 특히 바다거북이나 물고기가 플라스틱을 먹고 죽거나 건강에 해를 입는 경우가 많아지고 있습니다.

　쓰레기가 해양에 유입되면 수질 오염도 발생합니다. 이는 인간의 건강에도 심각한 영향을 미칠 수 있습니다. 화학 물질이 포함된 쓰레기가 식수와 식품에 유입되면 다양한 건강 문제가 발생할 수 있으며 이는 장기적으로 경제적 손실과 사회적 비용을 초래할 수밖에 없습니다. 기후 변화는 이러한 현상을 더욱 악화시키며 환경 문제를 넘어 경제, 사회, 정치 등의 다양한 분야에서 복합적으로 문제를 발생시킵니다.

　이를 해결하기 위해 국제 사회는 '파리 협정'과 같은 국제 협약을 체결하고 있으며, 유엔의 지속 가능한 발전 목표[SDGs]에서도 기후 변화 문제를 중요한 글로벌 이슈 중 하나로 다루고 있습니다. 각국은 쓰레기 배출을 줄이고 재활용을 촉진하는 정책을 마련해야 합니다. 개인 또한 일회용품 사용을 줄이고 재사용을 생활화해야 하며, 기업은 지속 가능한 제품 개발에 힘써야 합니다. 우리의 작은 실천이 모이면 큰 변화를 만들어 낼 수 있습니다. 쓰레기 문제를 해결하기 위한 노력이 절실히 필요하며 이를 통해 다음 세대에 더 깨끗하고 건강한 지구를 물려줄 수 있도록 노력해야 합니다.

 답

1문단: **그린피스의 '용기 내 캠페인' 소개**　　2문단: **다회용기 사용 장려와 캠페인 참여 방법**

3문단: **제로 웨이스트 운동의 개념과 목표**　　4문단: **개인 실천의 중요성과 환경 보호의 필요성**

3 지구 온난화 대응을 위한 탄소세 도입, 과연 효과적일까?

　　탄소세란 기업이 제품을 생산하는 과정에서 배출한 탄소량에 따라 내도록 하는 세금이다. 경제 협력 개발 기구OECD는 "탄소세란 환경 비용을 내부화하는 수단으로 해당 연료의 상대적인 탄소 함량을 기준으로 원시 화석 연료 생산자에게 부과되는 소비세이다"라고 구체적으로 정의하고 있다. 탄소세 도입의 세계적인 추세 속에서 우리나라는 전 세계 평균보다 많은 양의 이산화탄소를 배출하는 국가이지만 아직 탄소세를 도입하지 않고 있다. 유럽 연합(2023년)과 미국(2025년)이 자국보다 이산화탄소 배출이 많은 국가에서 생산한 제품에 대해 부과하는 관세인 탄소 국경세를 도입하고 추진하는 것에 대비하기 위해서라도 탄소세를 도입해야 한다는 의견이 많다.

　　많은 경제학자가 기후 변화를 해결하기 위한 가장 효율적인 방법으로 탄소세를 꼽는다. 탄소세가 도입되면 기업들은 세금을 덜 내기 위해 에너지 절약 기술을 도입하거나 탄소 배출을 줄이는 방법을 모색하는 등 에너지를 더 효율적으로 사용하려고 노력할 것이다. 탄소 배출을 줄이기 위해 대체 에너지도 적극적으로 개발할 것이다. 국가는 탄소세로 모인 세금을 활용해 태양광 발전소나 풍력 발전소 같은 청정에너지 프로젝트에 투자할 수 있다. 이를 통해 국가 차원에서 에너지 전환을 촉진하고 기후 변화에 대응하는 인프라를 구축할 수 있다.

　　물론 탄소세가 이점만 가져오는 것은 아니다. 탄소세가 도입 및 시행되면 기업과 소비자에게 추가 비용이 발생한다. 기업들은 탄소세를 부담하기 위해 이익을 줄이기보다 에너지나 상품 가격을 올릴 가능성이 크다. 탄소세는 결국 국민에게 생활비 부담으로 돌아올 수 있다. 우리나라의 산업 구조 특성상 반도체, 철강, 정유, 석유 화학 등 이산화탄소 배출량이 많은 업종의 비중이 높은데, 탄소세가 도입되면 생산 원가가 상승해 기업 경쟁력이 약화되어 경제 성장이 둔화될 위험이 있다. 이런 상황에서 탄소세를 도입하는 것은 오히려 경제적 불평등을 심화시키고 전체 경제에 부정적 영향을 미칠 위험이 있다는 의견도 있다.

그럼에도 탄소세는 기후 변화 대응을 위한 중요한 도구로 온실가스 배출을 줄이는 데 크게 기여할 것이다. 그러나 그 도입에 따른 경제적 부담과 사회적 불평등 문제 등을 신중히 고려해야 한다. 특히 저소득층이나 중소기업에 미치는 영향을 최소화하기 위한 정책적 대안과 보완책이 반드시 필요하다. 이러한 종합적 접근이 지속 가능한 미래를 위한 중요한 조건이 될 것이다. 이를 위해서 모두가 함께 노력해야 할 시점이다.

똑똑하게 분석해 봅시다

- 문단별로 핵심어를 찾아 동그라미 표시해 보세요.

- 각 문단의 중심 내용을 정리해 보세요.

  1문단:

  2문단:

  3문단:

  4문단:

자유롭게 생각해 봅시다

- 탄소세에 대해 들어본 적 있나요? 탄소세에 대해 살펴보니 탄소세에 대해서 찬성 또는 반대하게 되었다면 그 이유는 무엇인가요?

- 탄소세를 부과해서 물건값이 많이 오른다면 어떻게 하면 좋을까요?

분명하게 표현해 봅시다

- 기후 위기를 고려하면 탄소세가 필요하지만 이로 인한 부정적인 영향도 있습니다. 탄소세 부과에 대한 나의 생각을 정리해서 적어 봅시다.

탄소 배출권 거래제[ETS]는 기업이 탄소 배출권을 사고팔 수 있도록 하는 제도입니다. 이 제도는 탄소 배출량에 대한 한도를 설정하고, 그 한도 내에서 기업들이 특정량의 이산화탄소나 온실가스를 배출할 수 있는 배출권을 거래하게 합니다. 생산 과정에서 배출권보다 더 많은 온실가스를 배출하는 상품과 서비스에는 더 높은 세금을 부과해 탄소 배출량을 조절하도록 하는 방식입니다. 이를 통해 기업들이 자발적으로 탄소 배출을 줄이도록 유도합니다.

탄소 배출권 거래제의 장점 중 하나는 유연성입니다. 기업들은 자신의 상황에 맞게 배출권을 거래하며 탄소 배출을 관리합니다. 어떤 기업이 기술 혁신을 통해 배출량을 줄이면 남는 배출권을 판매해 추가 수익을 창출할 수 있습니다. 반면 배출량을 줄이기 어려운 기업은 필요한 배출권을 구매해 법적 요구 사항을 충족할 수 있습니다. 이러한 시스템은 기업들이 자율적으로 탄소 배출을 조절하는 기회를 제공해 전체적으로 환경을 보호하는 효과가 있습니다.

탄소세는 탄소 배출량에 대해 세금 형태로 부과되기 때문에 세금이 일정하게 유지되는 장점이 있지만 세금 부담 때문에 기업들의 경제 활동이 위축될 단점이 있습니다. 반면 탄소 배출권 거래제는 탄소 배출량이라는 새로운 시장을 만들고 기업들이 더 나은 기술 개발을 하도록 도와 시장 지향적 규제라고 표현되기도 합니다.

이러한 장치가 마련되면 기업들이 탄소 배출권 거래 시장을 형성하여 경제적으로 지속 가능한 발전을 이룰 수 있습니다. 효과적인 규제와 시스템이 탄소 배출권 거래를 가능하게 해, 환경을 보호하면서 동시에 경제 성장을 이룰 수 있는 것입니다.

 **답**

1문단: **탄소세의 정의와 탄소세의 필요성**　　2문단: **탄소세의 긍정적 효과**

3문단: **탄소세의 부정적 영향**　　4문단: **탄소세 부과에 경제적 형평성 고려 필요**

4 핵분열로 전기를 생산하는 원자력 발전은 합리적인 선택일까?

원자력 발전은 핵분열이나 핵융합에서 얻는 원자력으로 전기를 생산한다. 원자력 발전은 우라늄의 핵분열 과정에서 일어나는 연쇄 반응으로 얻은 열에너지로 냉각수를 끓이는데, 이때 발생한 수증기로 터빈을 돌려 전기를 생산한다. 이 방법을 사용하면 적은 자원으로 많은 전기 에너지를 얻을 수 있어 많은 국가에서 이용하고 있다. 그러나 원자력 발전의 가장 큰 단점은 바로 위험성이다. 1986년 체르노빌, 2011년 후쿠시마 원전 사고 등으로 2012년 핵 안보 정상 회의가 열리는 등 원전의 안전성에 대한 우려가 매우 높다. 그러나 원자력 발전을 배제하면 에너지 수요를 감당하기 어려운 것이 현실이다보니 원자력 발전을 바라보는 입장이 엇갈리고 있다.

원자력 발전은 건설 비용을 제외하면 저렴하고 지속적으로 전기를 생산할 수 있어 경제적이다. 화력 발전은 안정적이기는 하나 원자력 발전과 비교했을 때 투자 대비 효율이 매우 떨어지는 편이다. 태양광 발전이나 풍력 발전 등으로 신재생 에너지를 생성할 수도 있지만 날씨나 지형의 영향을 크게 받아 효율성이 매우 낮다. 전기 공급이 불안정하면 전기가 완전히 끊기는 심각한 상황이 발생할 수도 있고 전기료가 급상승할 수도 있다. 이에 반해 원자력 발전은 안정적으로 전기를 공급할 수 있다. 게다가 이산화탄소의 배출량이 매우 낮아 지구 온난화를 해결할 수 있는 친환경적인 에너지 생산 방법으로 평가받기도 한다.

그러나 우라늄을 채굴하고 운반하는 비용, 원자력 발전소 건설 비용, 핵폐기물을 처리하는 비용, 발전소 운영 종료 후 폐쇄 비용 등 원자력 발전을 위해 사용되는 모든 비용을 고려하면 원자력 발전이 결코 다른 에너지 생산 방식에 비해 저렴하다고 단정할 수만은 없다. 더욱이 원자력 발전은 그 자체로 심각한 위험성이 내재되어 있다. 후쿠시마나 체르노빌과 같은 사고들을 살펴보면 막대한 인명 피해와 환경 파괴를 초래했음을 알 수 있다. 원자력 발전의 사고 위험이 낮다고 하지만 사고가 발생했을 경우 그 피해는 다른 어떤 에너지 생산 방식보다 광범위하고 장기적인 것이다.

원자력 발전은 이산화탄소 배출이 거의 없고 대규모 전력 생산이 가능하다는 점에서 친환경적인 에너지원으로 평가 받고 있다. 그러나 방사능 폐기물 처리와 원자력 사고 발생 시의 위험성 등 여전히 해결해야 할 문제가 많다. 이를 위해서 원자력 발전소의 안정성을 높이고 사고 예방을 위한 기술적 발전이 필요하다. 또 지속 가능한 에너지 정책과 대체 에너지의 개발이 필수적이다. 이러한 노력이 함께 이루어질 때 원자력 에너지는 진정한 친환경 에너지로 자리 잡을 것이며, 이는 미래 세대의 안전한 에너지 공급을 위한 중요한 발판이 될 것이다.

- 문단별로 핵심어를 찾아 동그라미 표시해 보세요.

- 각 문단의 중심 내용을 정리해 보세요.
    1문단:
    2문단:
    3문단:
    4문단:

- 원자력 발전과 관련된 뉴스를 읽어 본 적이 있나요? 원자력 발전에 대해 찬성 또는 반대한다면 그 이유는 무엇인가요?

- 에너지를 효과적으로 사용하기 위해서는 에너지를 절약하는 것이 먼저입니다. 에너지를 절약하는 효과적인 방법은 무엇이 있을까요?

- 우리가 사용하는 전기는 대부분이 원자력 발전 덕분으로 생산된 것입니다. 그렇지만 원자력 발전을 계속할 경우 여러 위험이 따릅니다. 원자력 발전에 대한 나의 생각을 정리해서 적어 봅시다.

체르노빌 사건은 1986년 4월 26일 당시 소련이었던 우크라이나의 체르노빌 원자력 발전소에서 발생한 대규모 원자력 사고입니다. 체르노빌 원자력 발전소는 당시 세계에서 가장 큰 원자력 발전소 중 하나였습니다. 1986년 4월 25일 발전소 직원들이 안전 수칙을 지키지 않고 터빈 실험을 하여 원자로가 폭발했습니다. 이 폭발로 우라늄, 플루토늄, 세슘, 스트론튬 등 치명적인 방사성 물질이 10톤 이상 대기 중으로 방출되었습니다. 초기 대응이 늦어지는 바람에 많은 사람이 방사능에 노출되었고, 이는 1945년 일본 히로시마에 떨어진 원자 폭탄보다 400배 높은 수준의 핵 오염이었습니다.

사고 이후 30km 내에 거주하던 주민 수십만 명이 체르노빌을 떠났습니다. 이들은 가족, 친구들과 함께 오랜 기간 살았던 고향을 떠남으로써 심리적 고통을 겪기도 했습니다. 게다가 방사능에 노출된 사람들은 갑상선 질환, 암, 백혈병 등의 발병률이 증가했고 유산, 사산, 기형아 출생률도 급증하는 등 피해가 컸습니다. 체르노빌 사건을 계기로 많은 나라가 원자력 발전소의 안전 기준을 강화하고 새로운 기술을 개발하는 등 사고를 예방하기 위한 노력을 기울이게 되었습니다.

체르노빌 사건은 인류 역사상 최악의 원전 사고입니다. 현재도 체르노빌은 사고 지역으로 지정되어 있으며 방사능 수치는 여전히 높은 편입니다. 체르노빌 사건을 통해 원자력 발전의 위험성과 그에 따른 사회적, 환경적 영향을 고민해 어떻게 에너지를 얻어야 지구를 지킬 수 있는지 생각해야 합니다.

답

1문단: **원자력 발전의 원리와 이에 대한 엇갈린 입장**

2문단: **원자력 발전의 경제적인 에너지 생산 방식**

3문단: **비용과 위험성의 면에서 부정적인 원자력 발전**

4문단: **원자력 발전의 친환경성 향상 및 해결 과제**

5 플라스틱 사용 금지, 현실적으로 가능할까?

전 세계가 플라스틱 폐기물로 심각한 고민에 빠져 있다. 매년 플라스틱 폐기물의 양이 엄청나게 증가하고 있기 때문이다. 플라스틱 폐기물을 분리수거했더라도 오염이나 손상 등의 이유로 재활용되지 않고 버려지는 경우가 더 많다. 플라스틱은 가볍고 유연하며 저렴해서 다양한 용도로 사용되지만, 이러한 장점 때문에 많은 사람이 쉽게 쓰고 버리는 경향이 있다. 그 결과 플라스틱은 생활 속에서 일회용품처럼 소비되는 경우가 늘어나고 있으며, 해양 생물에게 직접적인 피해를 주거나 인간에게까지 영향을 미칠 수 있다는 점에서 심각성이 더욱 부각되고 있다.

플라스틱은 여러 가지 심각한 환경 문제를 발생시킨다. 플라스틱 제조 과정에서 발생하는 다양한 유해 화학 물질은 공기 중으로 방출되어 큰 문제를 일으키며, 이 과정에서 사용되는 화학 물질들은 내분비 체계를 교란할 수 있다. 특히 프탈레이트나 비스페놀 A와 같은 화학 물질은 식품에 침출되어 인체에 들어갈 위험이 있다. 프탈레이트는 남성의 정자 수 감소에, 비스페놀 A는 여성에게 임신·출산과 관련된 다양한 문제를 일으킬 위험이 있다. 또한 이러한 화학 물질들은 면역, 신경, 대사 및 심혈관 체계 등 생물학적 체계에도 영향을 미친다. 이에 호주는 2022년에 모든 주에서 비닐봉지 사용을 금지했고, 인도는 2022년 일회용품을 금지하는 법안을 시행하기도 했다.

현실적으로 플라스틱 사용을 완전히 금지하는 것은 어렵다. 플라스틱이 사라지면 바꾸어야 할 것이 상당히 많기 때문이다. 유통 기한을 길어지게 하는 플라스틱 포장이 없으면 일부 채소는 운송 중에 부패해 음식물 쓰레기가 많이 나올 것이다. 농사를 지을 때도 농업용 비닐이 없으면 물을 절약하거나 잡초를 제거하기 어렵고 플라스틱 대신 유리나 금속 포장재를 사용하면 물건의 무게가 늘어 탄소 배출량이 증가할 것이다. 매년 생산되는 섬유의 절반 이상이 합성 섬유인데, 플라스틱이 없다면 천연 섬유 생산량을 늘려야 하기 때문에 비용이 많이 든다. 또한 옷을 입는 방식도 지금과 크게 달라질 것이다.

그럼에도 플라스틱을 줄이는 문제에 대해 깊이 생각해 보아야 한다. 전 세계적으로 조치를 취하지 않는다면 단시일 내에 약 13억 톤의 플라스틱 쓰레기가 땅과 바다에 버려질 것이다. 일이 벌어진 후에 수습할 것이 아니라 미리 해결책을 모색해야 한다. 어떻게 하면 플라스틱 사용을 줄여서 버려지는 양 또한 줄일 수 있을지 그 방법을 생각해 보아야 한다. 그리고 일상에서부터 플라스틱 사용을 줄이기 위해 할 수 있는 일을 실천해야 한다. 지금이 플라스틱 사용을 줄이기 위한 행동을 시작할 때이다.

- 문단별로 핵심어를 찾아 동그라미 표시해 보세요.

- 각 문단의 중심 내용을 정리해 보세요.
  1문단:
  2문단:
  3문단:
  4문단:

- 우리는 하루에 얼마나 많은 플라스틱을 사용하나요? 플라스틱 사용을 줄여야 하는 이유는 무엇인가요?

- 플라스틱의 대체품이 있다면 대체품을 사용하는 것이 플라스틱을 줄이는 방법입니다. 플라스틱 사용을 줄이기 위해 플라스틱 대신 무엇으로 대체하면 좋을까요?

- 플라스틱의 사용을 완전히 없앨 수는 없습니다. 우리 생활에 플라스틱이 꼭 필요한 경우와 반드시 플라스틱을 사용하지 않아도 되는 경우를 생각해 봅시다.

플라스틱이 환경에 미치는 영향이 점점 심각해지고 있습니다. 2015년 코스타리카 해변에서 발견된 바다거북의 코에 12cm의 플라스틱 빨대가 꽂혀 있는 영상이 공개되었습니다. 이 영상을 본 많은 사람이 큰 충격을 받았고 플라스틱 빨대 퇴출 운동이 확산되었습니다. 이후 플라스틱 빨대는 환경 문제의 상징적인 사례가 되었으나 여전히 플라스틱 사용은 줄어들지 않고 있습니다. 결과적으로 매년 800만 톤 이상의 플라스틱이 바다로 흘러 들어가고 있습니다.

가장 큰 문제는 미세 플라스틱입니다. 미세 플라스틱은 5mm 이하의 플라스틱 조각으로, 버려진 플라스틱이 햇빛에 장기간 노출되거나 파도와 마찰, 바람, 기계적 압력 등에 의해 잘게 부서지면서 생깁니다. 세탁 시 합성섬유 옷감에서 떨어져 나온 미세 섬유 조각도 미세 플라스틱의 주요 원인이 됩니다. 하수에서 강과 바다로 흘러 간 미세 플라스틱은 해양 생물을 통해 사람의 체내로 유입되어 치명적인 손상을 일으킬 수 있습니다.

플라스틱 사용을 줄이는 것은 환경 보호뿐만 아니라 우리의 건강과 미래를 위해서도 꼭 필요합니다. 플라스틱은 우리 삶에 편리함을 주는 도구로 깊숙이 자리잡고 있기 때문에 쉽지 않을 것입니다. 그럼에도 우리 생활에서 플라스틱을 줄일 수 있는 다양한 방법을 고민하고 실천하여 지속 가능한 미래를 만들어야 합니다. 개개인의 노력뿐만 아니라, 앞으로 맺어질 플라스틱 국제 협약에 맞추어 국가 차원에서 대응 전략을 마련하고 기업들도 변화를 모색해야 플라스틱 사용을 줄일 수 있습니다.

답

1문단: **플라스틱 폐기물 증가 문제**　　2문단: **플라스틱의 건강 및 환경에 부정적인 영향**
3문단: **플라스틱 사용 금지의 현실적 어려움**　　4문단: **플라스틱 사용 줄이기 필요성**

# 6 멸종 위기 동물 보호의 중요성은 무엇일까?

꿀벌은 봄이 되면 꽃을 찾아 꿀을 모으는데, 이 꿀은 사람뿐 아니라 여러 생물에게 좋은 영양분이 된다. 그런데 2021년부터 지금까지 봄마다 꿀벌이 집단 폐사하고 있다. 한국양봉협회에 따르면 월동 이후 벌 무리의 절반 이상이 사라졌다고 한다. 전 세계 식량의 90%를 차지하는 100대 작물 중 71종이 꿀벌의 수분이 필요하다. 꿀벌의 수분 의존율이 90% 이상인 사과, 딸기, 호박, 양파 등은 꿀벌이 없으면 더 이상 먹을 수 없다. 이는 비단 꿀벌만의 문제는 아니다. 지구의 수많은 생물이 멸종 위기에 처해 있다. 생물 다양성의 급격한 감소로 전문가들은 현재 멸종 위기종의 수가 6,500만 년 전에 있었던 다섯 번째 대멸종과 유사한 수준이라고 경고한다. 이는 인간의 생존과 직결되며 이에 대해 심각하게 인식할 필요가 있다.

멸종 위기종이 늘어나는 것은 기후의 급격한 변화와 인간의 생태계 파괴 때문이다. 숲과 바다는 커다란 탄소 흡수원이다. 탄소 흡수원이란 자연적이거나 인위적으로 대기 중의 이산화탄소를 저장하는 것이다. 그런데 무분별한 삼림 벌채로 이산화탄소를 흡수할 나무가 사라져 대기 중 이산화탄소의 농도가 증가하고 있다. 또한 산업화로 갑자기 증가한 이산화탄소가 바다에 흡수되면서 해양 산성화가 진행되고 있다. 해양 산성화는 산호초 백화 현상, 얼대어의 장애 발생 및 감각 기능 약화 등 생태계 내에 심각한 문제를 일으킨다. 인간의 무분별한 자연 파괴는 생물의 서식지 파괴와 같은 직접적인 피해는 물론,

과도한 탄소 배출로 기후 변화를 일으켜 그로 인해 생태계가 파괴되고 생물들이 멸종 위기에 처하는 등의 결과를 만들고 있다.

4월 1일은 멸종 위기종의 날이다. 멸종 위기종의 날은 1987년 4월 1일 멸종 위기 야생 생물을 기념하고 멸종 위기종의 보전 가치를 알리기 위해 선포되었다. 멸종 위기종을 보호하는 것은 단순히 특정 생물종을 지키는 것이 생태계 전체를 유지하기 위해 필수적인 조치이다. 인간도 생태계 일부로 생태계 안에서 살아간다. 지금 당장은 어느 한 종이 사라져도 인간에게 영향을 미치지 않을 수 있지만, 하나둘씩 생물종이 멸종하다 보면 어느 순간 생태계 균형이 무너져 인간도 함께 무너지게 될 것이다. 결국 멸종 위기에 처한 동물을 보호하는 것은 인간의 생존을 위한 안전망을 지키는 것과 같다.

인간이 지금과 같은 편리함만을 추구하며 자연과 공생하지 않는다면 생태계는 망가지고 기후는 악화되고 생물의 멸종 속도는 가속화되어, 결국 인간이 멸종하는 순간이 올 것이다. 이러한 상황을 막으려면 멸종 위기종을 보호하고 보전할 방법을 찾아야 한다. 정부와 시민이 협력해 자연 환경을 보호하고, 생물 다양성을 유지하기 위한 필요한 교육과 정책도 마련해야 한다. 멸종 위기에 처한 동물들을 보호하고 지키는 것이 결국 인간을 지키기 위함임을 깨닫고 이들을 어떻게 보호하고 지켜야 할지 그 방법을 진지하게 모색하도록 하자.

똑똑하게 분석해 봅시다

- 문단별로 핵심어를 찾아 동그라미 표시해 보세요.

- 각 문단의 중심 내용을 정리해 보세요.

  1문단:

  2문단:

  3문단:

  4문단:

자유롭게 생각해 봅시다

- 해마다 더 더워지고 더 추워지고 있습니다. 이러한 기후 변화를 막기 위해 내가 할 수 있는 일은 무엇인가요?

- 꿀벌이 집단 폐사하고 있는 것처럼 다른 동물들도 기후 변화로 멸종 위기에 처한 경우도 많습니다. 꿀벌 외에 멸종 위기에 처한 동물은 또 무엇이 있을까요?

분명하게 표현해 봅시다

- 멸종 위기에 처한 동물에 대한 이야기를 들어본 적 있나요? 멸종 위기종을 보호해야 하는 이유를 정리해서 적어 봅시다.

멸종은 생물과 생태계에 깊은 영향을 미칩니다. 지구에서 어느 한 종이 사라지면 생태계의 균형이 깨질 수 있기 때문입니다. 예를 들어 아프리카코끼리의 하루 평균 배설물은 약 160kg으로, 소똥구리 212만 마리의 먹이가 됩니다. 케냐의 삼부루 국립 공원에는 아프리카코끼리 약 5,000~7,500마리가 서식하는 것으로 추정되며, 이는 대략 140억 마리의 소똥구리가 살 수 있는 환경을 제공합니다. 만약 이 아프리카코끼리가 모두 사라지게 된다면 어떻게 될까요? 물론 소똥구리가 다른 동물의 배설물을 찾아 떠날 수도 있겠지만 그만큼의 똥을 구하기는 매우 어려울 것입니다. 결국 아프리카코끼리가 멸종한다면 소똥구리도 생존하기 힘들어질 것입니다.

육상 생물 중 가장 큰 동물인 아프리카코끼리는 현재 서식지 파괴, 상아 수집을 위한 밀렵으로 멸종 위기에 처해 있습니다. 자연의 청소부로 불리는 소똥구리는 초식 동물의 똥을 분해하고 오염 물질을 저감하고 메탄가스를 분해하여 온실가스 발생을 줄이는 중요한 역할을 합니다. 또한 배설물을 방치할 때 생기는 유해 세균과 해충의 번식도 방지합니다. 아프리카코끼리가 사라지면 자연을 청소해 줄 소똥구리도 사라지게 되는 것입니다.

이렇듯 모든 생명체는 서로 연결되어 있습니다. 어느 한 종의 개체수가 감소하거나 아예 멸종하게 되면 그것은 생태계 전체에 악영향을 미칠 수밖에 없습니다. 우리는 이제라도 멸종 위기 생물의 소중함을 인식하고 그들을 보호하기 위한 노력을 해야 합니다.

 **답**

1문단: **꿀벌의 집단 폐사와 생태계 위기** 2문단: **기후 변화와 생태계 파괴로 인한 생물 멸종 위기**
3문단: **멸종 위기종 보호의 중요성** 4문단: **자연 보호와 생물 다양성 필요성**

육류 소비를 줄이면 기후 위기 극복에 도움이 될까?

지구촌 인구가 농작물 재배와 식재료를 유통하는 과정에서 상당한 양의 온실가스가 발생된다. 이를 이산화탄소로 환산하면 연간 약 160억 톤에 달하며, 전체 이산화탄소 발생량의 30%를 차지한다. 농지를 마련하기 위한 숲의 파괴, 비료 생산, 논에서 발생하는 메탄가스뿐만 아니라 가축의 분뇨 및 트림, 방귀 등에서 나오는 메탄가스도 큰 문제다. 메탄가스는 이산화탄소보다 온실 효과가 약 20배 이상 크다. 한 끼 저녁으로 소고기 1kg을 먹으면 대략 25.6kg의 이산화탄소를 만든 셈인데, 현재와 같은 식습관을 유지하면 음식 외의 분야에서 탄소 중립을 달성하더라도 기후 위기를 극복할 수 없다.

기후 위기를 극복하는 가장 효과적인 방법은 육류 중심의 식단을 채식 중심의 식단으로 전환하는 것이다. 축산업에서 발생하는 온실가스는 전체 온실가스 배출량의 14.5%를 차지하며, 이것은 지구 환경에 심각한 영향을 미친다. 현재 전 세계 사람들의 하루 평균 육류 섭취량은 122g이다. 섭취량을 3분의 1가량인 43g으로 줄인다면 48%가량의 온실가스를 감소할 수 있는 것이다. 이 뿐만 아니라 가축을 기르는 축사를 만드느라 열대 우림을 파괴해 많은 생물의 서식지가 사라지고 있다. 이러한 생태계 파괴는 생물종의 멸종을 초래할 수 있으며, 결국 인간에게도 부정적인 영향을 미칠 수밖에 없다. 현재 전 세계 육류 소비량은 빠르게 증가하고 있는데 2050년에는 현재보다 최소 62%, 최대 144%까지 늘어날 것으로 예측된다.

육류 소비를 줄이는 것은 기후 변화 문제를 해결하는 데 필수 요소이다. 채식은 육류 소비를 획기적으로 줄일 수 있으며, 이는 환경에 미치는 영향을 최소화하고 지구를 지속 가능하게 만드는 데 크게 기여한다. 완전한 채식이 힘들다면 일주일에 하루만 육식을 줄이는 방법도 있다. '고기 없는 월요일Meat Free Monday'이 있는데 이는 월요일 하루만이라도 채식을 하자는 취지로 만든 슬로건이다. 이 아이디어는 폴 매카트니가 기후 변화 토론회에서 제안해 전 세계적으로 확산되었다. 일주일 중 하루만 고기를 먹지 않으면 대략 1년간 560km의 거리를 운전할 때 발생하는 온실가스의 양만큼을 줄일 수 있다. 공공 기관을 비롯해 학교에서도 채식의 날을 마련하는 사례가 늘어나는 등 널리 확산되고 있다.

기후 변화와 환경 문제는 우리 모두에게 큰 영향을 미치는 중요한 주제이다. 이것은 단순히 먼 미래의 일이 아니라 현재 우리가 직면한 심각한 문제이다. 기후 위기는 곧 먹거리의 위기로 이어진다. 우리가 매일 선택하는 음식이 지구와 미래 세대를 위한 방법이 될 수 있다. 우리의 미래를 위해서라도 현재의 식습관을 바꿀 필요가 있다.

똑똑하게 분석해 봅시다

- 문단별로 핵심어를 찾아 동그라미 표시해 보세요.

- 각 문단의 중심 내용을 정리해 보세요.

  1문단:

  2문단:

  3문단:

  4문단:

자유롭게 생각해 봅시다

- 그동안 즐겨 먹었던 고기가 환경 오염에 앞장섰던 것을 알았나요?

- 환경 보호는 거창한 것이 아닙니다. 누구나 손쉽게 할 수 있습니다. 환경을 보호하기 위해 중학생이 쉽게 할 수 있는 방법은 없을까요?

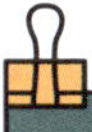

분명하게 표현해 봅시다

- 육식과 채식 중 무엇을 더 좋아하나요? 육류 소비에 대한 나의 생각을 정리해서 적어 봅시다.

채식주의자는 채식만 하거나 고기를 아예 먹지 않는 사람이 아닙니다. 식습관과 신념에 따라 다양한 형태로 나눌 수 있습니다. 일반적으로 육류를 섭취하지 않지만 구체적으로는 각자의 상황과 가치관에 따라 자신의 방식에 맞추어 채식을 합니다.

고기를 먹기는 하지만 고기 섭취량을 줄이려고 노력하는 사람을 플렉시테리안Flexitarian이라고 부릅니다. 우유와 달걀, 닭고기는 먹지만 돼지고기, 소고기, 양고기 등 붉은 살코기를 먹지 않는 사람을 폴로 베지테리언Pollo-Vegetarian, 동물성 고기는 먹지 않지만 해산물까지는 섭취하는 사람은 페스코 베지테리언Pesco Vegetarian이라고 합니다. 유제품과 동물의 알은 섭취하는 락토 오보 베지테리언Lacto-ovo Vegetarian은 서양에서 흔히 볼 수 있는 형태입니다. 이 외에도 동물의 알만 섭취하는 오보 베지테리언Ovo-vegetarian과 동물의 알이 아닌 유제품만 섭취하는 락토 베지테리언Lacti-Vegetarian도 있습니다. 비건Vegan은 완전 채식주의자, 프루테리언Fruitaian은 극단적 채식주의자입니다.

이렇게 채색주의자라고 해서 다 똑같은 채식주의자는 아니며 채색을 할 때 자신에게 맞는 유형의 채색을 고를 수 있습니다. 채색주의자인 사람들은 개인의 건강, 환경 보호, 동물 복지 등 다양한 이유로 채식을 선택하며 이러한 선택은 삶의 방식과 신념을 반영합니다. 점차 채식주의의 형태와 사회적 인식도 변화하고 있습니다. 이는 건강한 식생활을 추구하는 많은 사람에게 영향을 미치고 있습니다.

답

1문단: 농작물 재배와 식재료 유통 과정에서 발생하는 온실가스 문제

2문단: 온실가스 감소를 위한 채식 위주의 식단

3문단: 기후 변화를 해결하기 위한 가장 효과적인 채식 선택

4문단: 미래를 위해 중요한 식습관 변화

8 유전자 조작 식품(GMO)의 라벨링 의무화는 적절한 것일까?

일부러 유전자 조작 식품을 선택하지 않더라도 우리가 자주 소비하는 간장, 식용유, 라면, 과자 등에 유전자 조작 식품이 포함될 수 있다. 그러나 소비자는 어떤 식품이 유전자 조작으로 만들어졌는지 알기 어렵다. 이러한 이유로 2022년 1월 1일부터 미국에서는 유전자 조작 식품에 대해 라벨링 규정이 시행되었다. 이 규정에 따라 식품 제조 업체와 수입 업체는 유전자 조작 식품에 '생명 공학'이라는 라벨을 붙여야 한다. 소비자가 어떤 식품이 생명 공학적으로 변형되었는지 쉽게 알 수 있도록 하기 위한 조치이다. 하지만 식당에서 제공되는 음식이나 연 매출이 250만 달러 이하인 초소규모 식품 제조 업체, 생명 공학적 성분이 5% 미만 포함된 경우 면제된다.

소비자 권리 측면에서 유전자 조작 식품에 대한 정보를 제공하는 것은 중요하다. 소비자는 자신이 어떤 음식을 섭취하고 있는지 알 권리가 있기 때문이다. 유전자 조작 식품이 건강에 미치는 영향에 관한 논란이 존재하는 만큼 소비자가 스스로 선택할 수 있도록 정보를 제공해야 한다. 유전자 조작이 표기된 라벨링은 소비자가 보다 안전한 선택을 할 수 있게 돕는다.

그러나 라벨링 작업은 생산 과정의 추가로 인해 식품 가격을 상승시켜 결과적으로 소비자에게 부담을 줄 수 있다. 업체의 규모가 작다면 라벨링 추가 비용의 부담으로 업체 운영이 어려워질 수 있다. 또 많은 사람이 라벨에서 유전자의 '조작'에만 초점을 맞추면 유전자 조작 식품에 대한 인식이 나빠질 수 있다. 유전자 조작을 통해 식품 수확량을 높여 생산 비용을 낮추는 등 유전자 조작 식품의 긍정적인 면도 많다. 하지만 몇 가지 부정적인 이유로 이를 기피하는 현상이 나타나면 유전자 조작 식품의 수확량이 줄어 생산 비용이 높아질 수 있다. 이것은 식품의 가격을 상승시킨다.

그럼에도 소비자가 자신의 선택에 따라 안전한 음식을 섭취하는 것은 중요하다. 단순히 개인의 건강을 지키는 것을 넘어 사회 전체의 식품 안전성을 높이기 때문이다. 유전자 조작 식품 라벨링을 통해 자신이 구매하는 제품의 성격을 이해하고 개인의 가치관과 신념에 맞는 선택을 할 수 있다. 유전자 조작 식품 라벨링을 하는 것과 하지 않는 것 중 어느 것이 소비자에게 보다 나은 선택이 될 수 있는지 생각해 보아야 한다. 이러한 접근은 건강한 사회를 만들며 모든 소비자가 안전하고 질 높은 식품을 누릴 수 있는 환경을 조성하는 중요한 밑거름이 될 것이다.

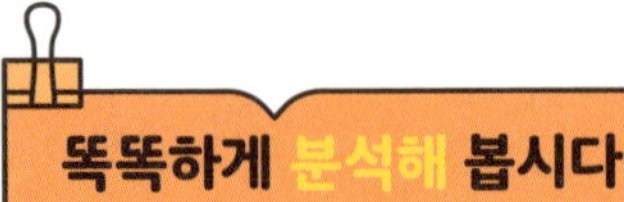

- 문단별로 핵심어를 찾아 동그라미 표시해 보세요.

- 각 문단의 중심 내용을 정리해 보세요.

  1문단:

  2문단:

  3문단:

  4문단:

- 유전자 조작 식품을 먹어 본 적 있나요? 유전자 조작 식품에 대해 긍정 또는 부정적으로 생각한다면 그 이유는 무엇인가요?

- Non-GMO라는 표기는 유전자 조작 식품이 첨가되지 않았다는 의미입니다. 이런 글을 보고 음식을 구입하는 편인가요? 평소 유전자 조작 식품에 대해 의식하는 편인지 생각해 보세요.

- 유전자 조작 식품을 표기해야 한다고 생각하나요? 유전자 조작 식품 라벨링 의무화에 대한 나의 생각을 정리해서 적어 봅시다.

    유전자 조작 식품은 현대 과학 기술로 만들어진 농산물입니다. 병충해에 강한 옥수수나 무르지 않는 토마토와 같은 작물이 유전자 조작 식품의 대표적인 예입니다. 유전자 조작 기술은 농작물의 수확량을 증가시키고 농약 사용을 줄이며 식품의 품질을 향상시킵니다. 식품의 안전성을 평가받기 위해 '식품의약품안전처'에 사전 승인을 받고 '유전자 조작 식품 안전성 평가 자료 심사 위원회'에서 철저하게 검토합니다. 이 과정에서 유전자 조작 식품이 기존 일반 식품과 어떤 차이가 있는지 독성이나 알레르기 유발 가능성, 영양적 유해성 등을 평가합니다.

    유전자 조작 식품의 돌연변이 가능성을 걱정하기도 하지만 기존 작물보다 돌연변이 가능성이 높다고 보기는 어렵습니다. 모든 식품은 유전자를 가지고 있지만 우리 몸의 소화 과정에서 분해되기 때문에, 유전자 조작 식품을 먹는다고 해서 사람의 유전자가 변형되지는 않습니다.

    그러나 유전자 조작 식품의 역사가 짧기 때문에 유전자 조작 식품이 인체에 미칠 장기적인 영향에 대해 아직 충분한 연구와 검증이 이루어지지 않았습니다. 결국 인간에게 어떤 문제를 일으킬지 정확히 알 수 없는 것입니다. 유전자 조작 식품으로 인해 생물학적 다양성이 감소될 수도 있습니다. 대규모로 유전자 조작 식품이 재배되면 전통적인 품종과 재배 방식이 사라지고 특정 종에 대한 의존도가 높아져 질병이나 기후 변화에 취약해질 위험도 있습니다. 유전자 조작 식품의 장단점을 살펴보고 어떤 식생활을 유지해야 할 것인지 현명한 선택이 필요합니다.

답

1문단: **유전자 조작 식품 라벨링 의무화**   2문단: **유전자 조작 식품 라벨링의 긍정적 측면**

3문단: **유전자 조작 식품 라벨링의 부정적 측면**   4문단: **안전한 음식 선택의 중요성**

2장
과학

1 인공 지능의 발전이 일자리에 미치는 영향은 무엇일까?

인공 지능의 발달은 경제적인 문제를 넘어 생존과 직결된 사안으로 여겨져 인공 지능이 발달할수록 많은 사람이 불안해 한다. 그중에서도 인공 지능이 기존의 직업을 대체할 것이라는 우려의 목소리가 높다. 공장에서 로봇이 일을 대신하면 그 자리에서 일하던 사람은 일자리를 잃을 가능성이 높기 때문이다. 하지만 최근 연구에 따르면 인공 지능으로 새롭게 등장하는 일자리가 1,000만 개 이상으로 더 많을 것이라고 한다. 인공 지능의 발전이 사람들의 일자리를 없애는 것이 아니라 오히려 새로운 기술과 직업이 더 필요하게 할 것이라는 것이다. 이러한 변화로 우리는 직업을 선택하는 데 있어 새로운 기준을 마련해야 함을 나타낸다고 할 수 있다.

인공 지능은 이미 여러 산업에서 활발히 활용되고 있다. 특히 의료 분야에서 질병을 진단하고 치료 방법을 제시하는 데 인공 지능이 큰 도움이 되고 있는데, 높은 정확도로 종양을 발견할 수 있어 조기 진단과 치료가 가능해졌다. 제조업에서도 인공 지능의 도입이 증가하면서 그로 인해 제품의 품질이 향상되고 생산성도 높아졌다. 인공 지능은 사람들이 반복적이고 지루한 작업에서 벗어나게 해 주며 적은 노력으로 높은 생산성을 얻도록 돕는다. 또한 고객 맞춤형 서비스 개발과 같은 복잡한 업무까지 수행할 수 있게 되어 더욱 창의적이고 중요한 업무에 더욱 집중할 수 있도록 한다. 이처럼 인공 지능은 산업 전반에 걸쳐 혁신을 일으키며 미래 사회의 핵심 기술로 자리 잡아 가고 있다.

인공 지능은 데이터를 분석하고 패턴을 찾아내는 데는 뛰어나지만 독창적인 아이디어를 창출하거나 창의적인 문제 해결을 요구하는 작업에서는 한계가 있다. 또 간호사나 비즈니스 컨설턴트와 같이 고객이나 환자의 감정을 이해하고 그에 맞춰 적절한 대응을 해야 하는 직업도 인공 지능이 인간을 쉽게 대체할 수 없는 영역이다. 전기 기사와 배관공 같은 기술직도 마찬가지다. 변화하는 현장 상황에 따라 즉각적으로 대처하고 그에 맞는 적절한 해결책을 찾아야 하는데, 정해진 알고리즘만으로는 이러한 문제를 해결할 수 없다. 이렇게 인공 지능이 발전한다고 하더라도 인간의 능력과 감정이 중요한 역할을 하는 직업들은 앞으로도 계속 필요할 것이다.

인공 지능 시대를 맞아 어떤 일자리를 찾아야 할 것인가는 현재 인류 모두의 관심사이며, 풀어나가야 할 중요한 과제다. 인류가 만든 도구인 인공 지능을 어떻게 활용할지에 대해서 깊은 논의가 필요하다. 인공 지능의 발전으로 이제는 타인과의 단순한 비교보다 내 존재 가치가 무엇인지 끊임없이 고민해야 하는 시기가 되었다. 경쟁에서 이기는 것을 넘어 자신의 존재에 대해 생각하고 미래에 대한 통찰력과 창의력을 가질 방법을 생각해 보아야 한다.

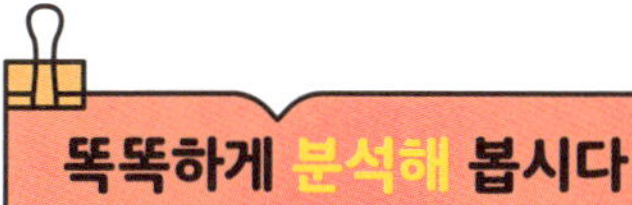

똑똑하게 분석해 봅시다

- 문단별로 핵심어를 찾아 동그라미 표시해 보세요.

- 각 문단의 중심 내용을 정리해 보세요.

  1문단:

  2문단:

  3문단:

  4문단:

자유롭게 생각해 봅시다

- 인공 지능을 사용해 본 적이 있나요? 인공 지능이 발전하는 것에 대해 긍정 또는 부정적인 생각을 갖고 있다면 그 이유는 무엇인가요?

- 인공 지능은 너무나 빠른 속도로 발전하고 있습니다. 인공 지능이 발전하는 시대에 적응하기 위한 나만의 방법이 있나요?

분명하게 표현해 봅시다

- 여러분이 어른이 되면 인공 지능은 지금보다 더 많이 발달해 있을 것입니다. 인공 지능이 발달함에 따라 어떤 일자리를 가지는 것이 필요할까요? 인공 지능의 발전과 일자리에 대한 나의 생각을 정리해서 적어 봅시다.

인공 지능과 같은 복잡한 분야에서는 다양한 전문가와 함께 협력하는 것이 중요합니다. 협업은 여러 사람이 각자의 역할을 맡아 함께 일하는 것입니다. 학교에서 모둠 과제를 할 때 한 친구는 자료 조사, 다른 친구는 발표 자료 만들기, 또 다른 친구는 발표 준비하기 등 각자가 맡은 역할을 수행하는 것이 협업입니다.

협업 능력을 키우려면 몇 가지 요소가 필요합니다. 첫째, 의사소통 능력입니다. 원활한 협업을 위해서 서로의 생각과 의견을 잘 전달하고 이해하는 것이 필요합니다. 둘째, 서로의 역할을 존중하고 맡은 일을 성실히 수행하는 신뢰가 중요합니다. 신뢰가 쌓일수록 팀워크가 좋아지고 더 좋은 결과를 이끌 수 있습니다. 셋째, 협업 중 계획이 변경되거나 예상치 못한 상황이 발생할 때 유연하게 대처하고 팀원들과 함께 해결책을 모색하는 태도가 중요합니다. 마지막으로 좋은 팀워크가 필수적입니다. 협업이 잘 이루어지기 위해서는 서로 도와주고 함께 목표를 향해 나아가는 분위기를 만들어야 합니다. 이를 위해서 각자의 역할을 잘 이해하고 서로의 강점을 살리는 것이 필요합니다.

인공 지능 기술이 발전할수록 협업 능력의 중요성은 더욱 커질 것입니다. 협업 능력이 뛰어난 사람은 문제를 더 효과적으로 해결하고 새로운 기회를 포착할 수 있습니다. 학교에는 수많은 모둠 과제가 주어집니다. 이러한 과제들을 단순한 과제로 여기지 말고 협업 능력을 기르기 위한 기회로 활용한다면 분명 더 좋은 결과를 얻을 수 있을 것이며, 미래에 필요한 역량까지 기를 수 있을 것입니다.

답

1문단: **인공 지능의 발달과 일자리의 추이**   2문단: **인공 지능이 활용되는 분야**

3문단: **인공 지능이 대체하기 힘든 분야**   4문단: **인공 지능 발달에 따른 고민**

백신은 어떻게 전염병을 줄였을까?

　　전염병은 수 세기 동안 공포의 근원이었다. 특히 14세기 중반 유럽을 휩쓴 흑사병은 유럽 인구의 3분의 1 정도를 사망에 이르게 했다. 19세기에는 콜레라를 포함한 여러 전염병으로 유럽과 아프리카, 아메리카 대륙에서 수백만 명이 사망했다. 당시에는 전염병에 대한 이해가 부족했으며 효과적인 대처 방법도 존재하지 않았다. 이러한 사건들은 인류에게 공공 보건 시스템과 백신 개발의 필요성을 절감하게 했다.

　　18세기 말 영국의 에드워드 제너 Edward Jenner**가 천연두 예방을 위해 최초의 백신을 개발하며 백신의 개념이 확립되었다.** 18세기 유럽에서는 신분에 관계없이 천연두 바이러스 감염으로 매년 40만 명이 사망했다. 천연두를 극복하고 살아남은 환자들은 얼굴에 끔찍한 흉터가 남았고, 3분의 1 정도는 시력을 잃기도 했다. 의사들은 천연두를 퇴치하기 위해 끊임없이 노력했지만 결과는 참담했다. 제너는 소의 우두에 걸린 사람은 천연두에 감염되지 않는다는 것을 발견해, 사람에게 천연두의 면역력을 부여하는 방법을 찾아냈다. 그 덕분에 천연두라는 치명적인 질병이 크게 줄었고, 백신의 중요성이 강조되었다.

　　백신의 발전은 현대의 전염병 대응 체계와 공공 보건의 기초가 되었다. 백신은 특정 질병에 대한 면역력을 제공하여 개인뿐 아니라 사회 전체의 건강을 지키는 중요한 수단으로 자리 잡았다. 사스, 메르스, 코로나19와 같은 여러 전염병이 발생하면서 백신이 개발은 더욱 필요해졌다. 특히 코로나19의 경우에는 백신이 개발되기까지 1년도 걸리지 않았다. 이를 통해 개발의 속도와 중요성을 다시 한번 체감했다. 백신의 등장으로 우리는 전염병에 대해 효과적으로 대처를 할 수 있게 되었다. 백신을 맞으면 면역력이 생겨 특정 질병에 걸릴 확률이 줄어들고, 만약 걸리더라도 가벼운 증상으로 넘어가는 경우가 많다. 백신은 개인의 건강을 지켜주지만 동시에 사회 전체의 건강을 지키는 데에도 큰 역할을 한다. 많은 사람이 백신을 맞으면 집단 면역이 형성되어 질병의 확산을 방지할 수 있기 때문인다.

전염병은 앞으로도 계속 발생할 것이다. 인류 역사에서 전염병은 끊임없이 우리의 삶에 영향을 미쳤으며, 앞으로도 새로운 질병이 등장할 가능성은 항상 존재한다. 그에 대응할 수 있는 백신이 있다는 것은 큰 희망이다. 백신은 단순히 개인의 건강을 지킬 뿐 아니라 사회 전체의 안전과 건강을 위한 필수적인 도구이다. 백신은 전염병의 확산을 방지하고 지역 사회의 건강을 유지하는 가장 효과적인 수단이 될 것이다.

- 문단별로 핵심어를 찾아 동그라미 표시해 보세요.

- 각 문단의 중심 내용을 정리해 보세요.

  1문단:

  2문단:

  3문단:

  4문단:

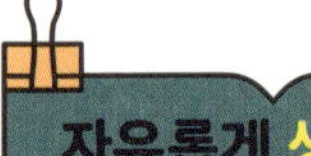

- 백신을 맞은 경험이 있나요? 백신에 대해 찬성 또는 반대한다면 그 이유는 무엇인가요?

- 백신을 맞는 것 외에 전염병을 줄일 수 있는 다른 방법은 없을까요?

- 백신이 개인의 건강과 집단의 건강에 어떠한 영향을 미치는지 백신과 전염병에 대한 나의 생각을 정리해서 적어 봅시다.

백신은 특정한 질병에 대한 면역력을 형성하기 위해 사용되는 생물학적인 제재입니다. 약한 병원체나 죽은 병원체 또는 병원체의 일부를 주사해서 우리 몸의 면역 체계가 그 질병에 대한 방어력을 갖도록 돕습니다. 백신은 그것을 맞은 사람의 건강을 보호할 뿐만 아니라 사회 전체의 건강을 지킬 수도 있습니다. 백신을 접종하면 몸 안의 면역 체계가 그 질병에 대해 기억을 형성하여, 이후에 병원체에 노출되었을 때 빠르게 반응해 감염을 예방하거나 감염되더라도 증상을 약하게 만들어 줍니다. 이렇게 전염병의 발생을 줄이면 그 감염병에 노출될 가능성이 낮아집니다.

특정 질병에 대한 면역력을 가진 사람들이 일정 비율 이상 존재하면 그 질병이 잘 전파되지 않는 집단 면역이 생깁니다. 그렇기 때문에 백신을 접종해서 많은 사람이 면역력을 가지면 감염병이 전파될 가능성이 줄어들고 전염병의 확산을 막을 수 있습니다. 이것은 유아, 노인, 면역력 질환을 앓고 있는 환자에게 매우 중요합니다. 이들은 면역력이 약해 백신을 맞지 못하거나 백신을 맞더라도 면역 반응이 충분하지 않을 수 있지만, 집단 면역이 이들의 생명을 보호하기 때문입니다. 특히 학교처럼 많은 사람이 함께 생활하는 곳에서 필수적입니다.

백신 접종은 개인의 선택이지만 나의 건강뿐 아니라 주변 사람들에게도 영향을 미칩니다. 건강한 사회를 만들기 위해서는 한 사람 한 사람의 노력이 중요합니다. 서로를 보호하고 지키는 사회를 만들기 위해 어떻게 해야 할지 진지하게 고민해 보면 좋겠습니다.

 답

1문단: **전염병의 역사와 공공 보건 필요성**　　2문단: **제너의 백신 개발과 천연두 퇴치**
3문단: **백신의 현대적 중요성과 효과**　　4문단: **전염병 대응을 위한 백신의 필요성**

3 바이오 기술의 발전과 윤리적 쟁점은 무엇일까?

바이오 기술은 생명체와 관련된 여러 가지 기술로 유전자 조작, 세포 배양, 생물 의약품 개발 등 여러 분야에서 급속도로 발전하고 있다. 이러한 발전은 의학, 농업, 환경 등 여러 영역에서 혁신적인 변화를 이끌고 있다. 크리스퍼CRISPR 기술의 경우 특정 유전자를 수정함으로써 유전병의 원인을 직접 해결해 불치병까지 치료할 가능성을 열었다. 이 기술을 농업에 적용할 경우 병충해에 강한 작물이나 기후 변화에 적응할 수 있는 농작물을 개발하여 생산성을 높일 수 있다. 이렇게 바이오 기술은 우리의 삶을 더욱 편리하고 건강하도록 돕는다.

하지만 바이오 기술의 발전과 관련하여 여러 윤리적 문제가 꾸준히 제기되고 있다. 첫째, 유전자 조작에 대한 우려이다. 특정 유전자를 삭제하거나 수정해 아기의 유전자적 특성을 조정하는 것이 윤리적으로 올바른 것인지에 대한 논의가 필요하다. 둘째, 생물 다양성에 대한 문제도 있다. 유전자 조작으로 생산량을 높인 특정 작물만을 대량 재배하면 생물 다양성이 줄어들어 생태계가 파괴될 수 있다. 생태계가 파괴되면 결국 환경이 파괴되어 지속 가능한 농업을 할 수 없게 된다. 셋째, 바이오 기술은 아직 안정성이 확보되지 않아 인간에게 적용하려면 충분한 검증이 필요하다. 이렇게 바이오 기술의 연구와 개발은 과학적 검증뿐 아니라 반드시 윤리적 논의가 함께 이루어져야 한다.

윤리적 쟁점을 해결하기 위해서는 바이오 기술을 연구하는 사람들

 바이오 기술을 연구할 때 자신의 연구가 가져올 수 있는 사회적 영향과 윤리적 문제를 깊이 고민해서 책임 있는 연구를 수행해야 한다. 독립적인 윤리 위원회나 심사 기구를 설립해 바이오 기술 연구의 과정과 결과를 검토할 필요도 있다. 이를 통해 바이오 기술 연구가 윤리적 기준에 부합하는지 평가하고 만일 문제가 발생하면 신속하게 대응할 수 있어야 한다. 바이오 기술의 적용에 대해 사회적 합의도 필수적이다. 다양한 이해관계자가 공개 토론회를 개최해 서로 의견을 수렴하고 협의를 하며 사회적 합의를 형성해야 한다.

바이오 기술은 우리 삶을 긍정적으로 변화시킬 잠재력을 지니고 있지만, 이와 관련한 윤리적 문제는 여전히 사회적 논쟁의 중심에 있다. 바이오 기술이 발전함에 따라 발생할 수 있는 여러 문제점에 대해 우려를 표하는 사람들과 윤리적 문제는 차치하고 연구 용도로라도 바이오 기술을 발전시켜야 한다고 주장하는 이들의 의견이 팽팽하게 맞서 있는 상황이다. 이것은 단순히 개인의 선택에 그치는 것이 아니라 사회 전체에 걸쳐 영향을 미치는 중대한 사안이기 때문에, 바이오 기술이 가져올 변화와 윤리적 쟁점에 대해서 깊은 고민이 필요하다.

똑똑하게 분석해 봅시다

- 문단별로 핵심어를 찾아 동그라미 표시해 보세요.

- 각 문단의 중심 내용을 정리해 보세요.

    1문단:

    2문단:

    3문단:

    4문단:

자유롭게 생각해 봅시다

- 바이오 기술에 대해 들어본 적 있나요? 바이오 기술의 발전에 대해 찬성 또는 반대한다면 그 이유는 무엇인가요?

- 바이오 기술을 어느 분야에 사용하면 가장 좋을까요? 그 이유는 무엇인가요?

분명하게 표현해 봅시다

- 바이오 기술은 우리의 삶을 발전시키겠지만 이와 함께 윤리적인 문제를 생각해야 합니다. 바이오 기술과 윤리적 쟁점에 대한 나의 생각을 정리해서 적어 봅시다.

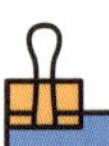

실험을 할 때 사람 대신 동물을 이용하는 경우가 많습니다. 이때 동물을 실험 대상으로 이용하지 않고 다양한 대체 방법을 활용해서 화학 물질의 효능과 독성을 평가하는 기술을 대체 시험법이라고 합니다. 이러한 방법은 동물 실험을 줄이고 윤리적 문제를 해결하기 위한 중요한 대안으로 떠오르고 있습니다.

최근 동물 복지에 대한 사회적 관심이 높아짐에 따라 동물 대체 시험법이 점점 중요해지고 있습니다. 이는 동물 실험의 비윤리적 문제를 해결하기 위한 노력의 일환입니다. 또한 동물 실험 결과가 인간과 일치하지 않을 가능성도 제기되면서 과학적 정확성을 높이기 위해 동물 대체 시험법의 필요성이 더욱 강조되고 있습니다.

미국과 유럽은 동물 대체 시험법 개발을 적극 지원하고 있으며 우리나라에서도 관련 법률과 연구가 활발히 진행되고 있습니다. 2017년부터 화장품 평가 시 동물 실험이 금지되었고 의약품 승인에서도 동물 대체 시험법이 허용되었습니다. 제약 바이오 업계도 동물 실험 의존도를 줄이고 대체 시험법의 실용화를 위한 연구에 적극 나서고 있습니다.

동물 대체 시험법은 윤리적 문제를 해결하고 동물 복지를 향상시키기 위한 중요한 방법으로 자리 잡고 있습니다. 이에 대한 지속적인 연구와 협력을 통해 동물 대체 시험법이 자리 잡을 수 있도록 꾸준한 관심이 필요합니다. 이는 바이오 기술의 발전과 함께 윤리적 쟁점을 해결하는 데 기여할 것입니다.

1문단: 바이오 기술의 발전과 영향   2문단: 바이오 기술의 윤리적 문제
3문단: 윤리적 쟁점 해결을 위한 노력   4문단: 바이오 기술의 논쟁과 사회적 영향

대체 에너지는 미래를 위한 필수적인 선택일까?

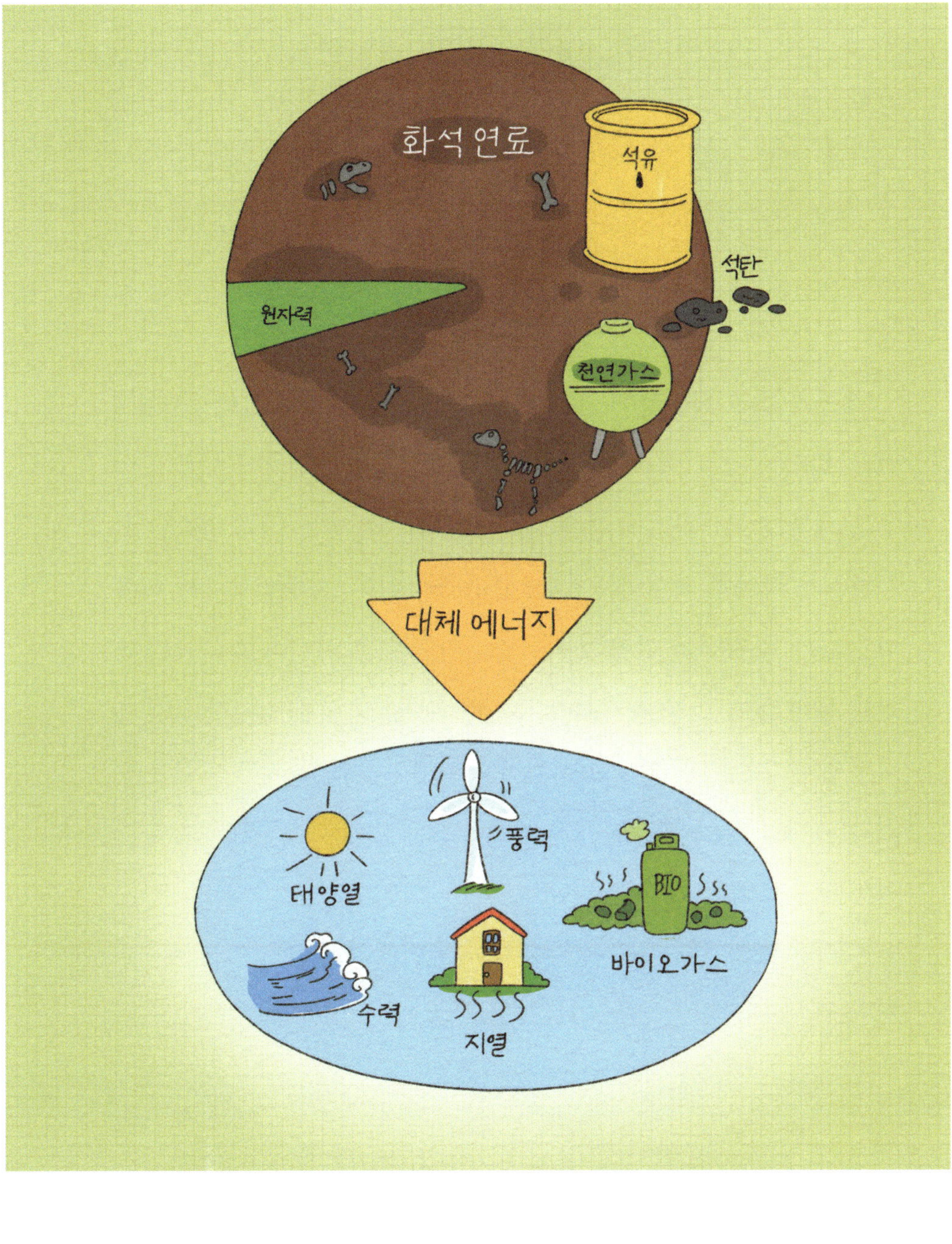

대체 에너지는 화석 연료가 아닌 다른 방식으로 생산되는 에너지이다. 대표적으로 태양열, 풍력, 수력, 지열, 바이오매스 등이 있다. 대체 에너지는 환경 보호와 지속 가능한 발전을 위해 매우 중요하다. 현재 우리가 사용하는 화석 연료는 한정된 자원이다. 화석 연료를 사용할수록 대기 오염과 온실가스 배출이 증가하며 언젠가는 고갈될 것이다. 대체 에너지를 사용하는 것은 환경을 보호하고 지구를 지키는 데 큰 도움이 되며 이는 재생 가능하여 무한히 사용될 수 있다. 이러한 이유로 대체 에너지는 미래의 에너지원으로 큰 주목을 받고 있다.

우리가 주로 사용하고 있는 화석 연료는 여러 문제를 발생시키고 있다. 화석 연료는 석유, 석탄, 천연가스 등으로 구성되어 있으며 이들을 태우면 이산화탄소 같은 온실가스가 방출된다. 이때 방출된 온실가스가 쌓이면 지구의 온도를 상승시켜 기후 변화를 초래해 인류와 자연에 부정적인 영향을 미칠 수 있다. 그뿐 아니라 화석 연료는 땅에 묻혀 있는 한정된 자원이므로 언젠가는 고갈될 것이다. 그렇게 되면 에너지 가격의 변동성이 커지고 에너지 안보 문제가 발생할 수 있다. 게다가 화석 연료를 캐고 운반하는 과정에서 발생하는 환경 파괴와 환경 오염도 심각한 문세다.

이러한 화석 연료의 문제를 해결하기 위해 대체 에너지는 필수적이다. 대체 에너지는 재생 가능하고 환경친화적인 에너지원이다. 대체 에너지에는 여러 가지가 있는데 태양열 에너지는 태양의 빛을 이용해 전기를 생성하거나 열을 만드는 방식이고, 풍력 에너지는 바람이 강한 지역에 설치해 바람의 힘으로 전기를 생산하는데 둘 다 온실가스를 배출하지 않아 환경에 긍정적이다. 수력 에너지는 대규모 댐을 통해 물의 흐름을 이용하여 전기를 생성한다. 댐이 있어 안정적인 전력을 공급할 수 있으나 댐이 생태계에 미치는 영향을 고려할 필요가 있다. 지구 내부의 열을 이용해 전기를 만드는 지열 에너지는 온실가스 배출이 거의 없고 지속 가능한 에너지원이다. 또 식물이나 동물의 부산물을 연료로 활용한 바이오매스 에너지 등 다양한 대체 에너지가 있다.

대체 에너지는 화석 연료의 의존도를 줄이는 데 중요한 역할을 하며 이를 확대하는 것은 환경을 보호하고 에너지 안보를 확보하기 위한 필수적인 선택이다. 이를 위해 대체 에너지의 필요성과 장점을 제대로 이해하고 이를 적극적으로 사용하려는 사회 전반의 인식 변화가 필요하다. 시민들이 적극적으로 참여한다면 대체 에너지 활용이 크게 증가할 것이며 더 나아가 대체 에너지는 미래 세대에게 깨끗하고 건강한 환경을 물려주는 좋은 방법이 될 것이다.

- 문단별로 핵심어를 찾아 동그라미 표시해 보세요.

- 각 문단의 중심 내용을 정리해 보세요.

  1문단:

  2문단:

  3문단:

  4문단:

- 환경 오염과 에너지 고갈의 문제가 있으나 안정적으로 에너지를 공급하는 화석 연료와, 환경 오염도 없고 에너지 고갈의 걱정도 없으나 화석 연료만큼 에너지 공급이 안정적이지 않은 대체 에너지 중 어느 것을 더 선호하나요?

- 대체 에너지를 활성화하기 위해 우리가 할 수 있는 것으로 무엇이 있을지 생각해 봅시다.

- 지금처럼 화석 연료를 쓰면 화석 연료는 곧 바닥이 날지 모릅니다. 사람들에게 대체 에너지의 필요성과 가능성에 대해 어떻게 설득하면 좋을지 정리해 봅시다.

　화석 연료에는 석탄, 석유, 천연가스 등이 있으며 우리 일상에서 많이 사용하고 있습니다. 수억 년 전 거대한 열대 밀림 지대를 이뤘던 식물의 유해가 매몰되어 열과 압력을 받으면 산소, 수소 등은 서서히 빠져나가고 탄소만 남게 되는데 이것이 단단해진 것이 석탄입니다. 석유는 주로 따뜻한 바다에 살았던 미생물의 잔해가 열과 압력을 받아 변화된 것인데 천연에서 액체 상태로 산출되며 주로 탄소(83~87%), 수소(10~14%), 질소(0.1~2%), 산소(0.05~1.5%) 등으로 이루어진 탄화수소 혼합물입니다. 천연가스는 유전이나 탄광 지역의 땅에서 분출되는 자연성 탄화수소 가스로 메탄가스나 에탄 가스 등을 의미합니다. 주로 유전 근처에서 석유와 함께 매장되어 있습니다.

　전 세계 화석 연료 소비량은 매년 증가하고 있습니다. 전문가들은 지금처럼 화석 연료를 계속 사용하면 석유와 천연가스가 수십 년 내로 고갈될 수 있다고 경고합니다. 만약 석유가 고갈되면 자동차는 물론 비행기와 배의 연료 공급도 어려워져 우리 일상 생활에 심각한 영향을 미치게 될 것입니다. 또 화석 연료가 줄어들면 에너지 가격이 올라 비싸질 것입니다. 에너지가 비싸지면 기업의 생산 비용이 늘어나고 그 부담은 고스란히 소비자에게 전가됩니다. 그 결과 생활비가 증가해 경제 전반에 불황이 올 수 있습니다. 화석 연료가 고갈되면 사람들은 화석 연료를 찾기 위해 더 깊은 곳이나 먼 지역을 탐사하며 환경 파괴를 일으킬 겁니다. 결과적으로 생태계의 균형을 깨뜨리고 인류에게 부정적인 영향을 미치는 화석 연료의 고갈 현상에 경각심을 가지고 이를 위한 대책을 생각해 보아야 합니다.

답

1문단: **미래의 에너지원으로 주목받는 대체 에너지**　　2문단: **고갈과 환경 문제가 있는 화석 연료**

3문단: **다양한 대체 에너지 소개**　　4문단: **대체 에너지 확대를 위한 인식 변화 촉구**

5 미세 플라스틱이 환경에 미치는 영향은 무엇일까?

 이렇게 부서져서 길이나 지름이 5mm 이하인 고체형 플라스틱 입자를 미세 플라스틱이라고 한다. 전 세계의 바다에는 약 171조 개의 미세 플라스틱이 떠다니고 있으며 무게는 230만 톤에 달하는 것으로 추정된다. 연구진은 현재의 상태가 지속된다면 2040년에는 바다로 유입되는 미세 플라스틱의 양이 현재의 거의 3배에 달할 수 있다고 경고했다. 전 세계 플라스틱 생산량은 지난 수십 년간 급증했다. 이중 매년 약 9%의 플라스틱만 재활용되고 있으며 플라스틱 쓰레기의 대부분은 바다로 흘러가거나 땅에 묻힌다.

 이러한 과정을 통해 인간도 미세 플라스틱을 섭취하게 된다. 미세 플라스틱 문제가 심각한 이유는 미세 플라스틱이 환경 오염뿐만 아니라 인체 건강에도 심각한 영향을 미친다는 것이다. 연구 결과에 따르면 사람의 장기와 혈액에서도 미세 플라스틱이 발견되었으며, 심지어 태아와 모유에서도 검출되었다고 하여 큰 충격을 주었다. 이렇게 쌓인 미세 플라스틱은 체내에서 분해되지 않기 때문에 장기에 직접적인 악영향을 줄 수 있다.

데 수백 년이 걸린다. 수중에 떠다니는 미세 플라스틱은 분해되지 않고 부유한다. 미세 플라스틱은 플라스틱의 원재료인 석유 화학 물질의 물성과 넓은 표면적을 가지고 있어 해수 중 각종 유해 물질과 중금속 등을 흡수해 고농도로 축적된다. 작은 동물들은 미량의 미세 플라스틱으로도 생존과 존속이 어려워지기 때문에 생태계가 무너질 수 있다. 뿐만 아니라 미세 플라스틱은 먹이 사슬을 통해 인간에게 도달한다. 인간이 미세 플라스틱에 장기간 노출되면 질환, 병변을 유발해 결국 우리 몸의 면역 체계가 무너질 수 있다. 그러나 미세 플라스틱의 크기, 흡착된 유해 물질의 종류, 사람의 개인적 특성에 따라 발생하는 질환이나 병변을 정확하게 예측하기란 매우 힘들다.

우리의 삶에 편리함을 가져다 준 플라스틱이지만 지금은 눈에 보이지 않을 만큼 잘게 부서져 우리를 위협하고 있다. 미세 플라스틱을 줄이기 위해서는 먼저 플라스틱을 줄이기 위한 노력이 필요하다. 물론 현재 쓰고 있는 플라스틱을 모두 없앨 수는 없는 노릇이다. 플라스틱을 사용하지 않겠다고 현재 사용하고 있는 모든 플라스틱을 무분별하게 버린다면 그 또한 낭비이자 환경을 파괴하는 또 다른 행위가 될 것이다. 꼭 필요한 곳에서는 플라스틱을 사용하되 불필요한 플라스틱 사용을 줄이기 위해 노력한다면 미세 플라스틱의 양을 술일 수 있을 것이다.

- 문단별로 핵심어를 찾아 동그라미 표시해 보세요.

- 각 문단의 중심 내용을 정리해 보세요.

    1문단:

    2문단:

    3문단:

    4문단:

- 나는 플라스틱을 많이 사용하는 편인가요? 플라스틱 사용에 대해 찬성 또는 반대한다면 그 이유는 무엇인가요?

- 분리수거장에 가서 보면 플라스틱 쓰레기가 정말 많이 나온다는 것을 알 수 있습니다. 플라스틱을 줄일 수 있는 다른 방법은 없을까요?

- 플라스틱이 분해되지 않고 잘게 부서져서 계속 우리 곁에 있으면 환경에 어떤 영향을 미칠까요? 미세 플라스틱과 환경 오염에 대한 나의 생각을 정리해서 적어 봅시다.

플라스틱은 1860년대 코끼리 상아를 대체하는 소재로 만들어진 셀룰로이드로 처음 등장했습니다. 이후 1909년 최초의 합성수지인 베이클라이트가 개발되었고 이는 현대 플라스틱의 기초가 되었습니다. 1933년 폴리에틸렌이 발견되며 플라스틱의 활용 범위가 넓어졌고, 1935년 나일론이 발명되면서 제2차 세계 대전 동안 낙하선, 로프, 방탄복 등으로 활용되었습니다. 이런 발전은 플라스틱 대중화를 이끌었습니다. 1953년 음식 보관용 플라스틱 랩이 출시되고, 1965년 비닐 쇼핑백이 상용화되었습니다.

플라스틱에 의한 환경 문제 인식은 1960년대부터 해양에서 처음으로 플라스틱 파편이 발견되면서 높아졌습니다. 1997년 태평양에서 거대한 플라스틱 쓰레기 섬이 발견되며 그 심각성이 논의는 되었으나 큰 성과는 없었습니다. 그 사이 플라스틱 사용량이 급증하며 2009년 이 플라스틱 섬이 두 배로 커졌습니다. 2018년 인체, 남극 바다에서 미세 플라스틱이 발견되며 플라스틱과의 전쟁이 선포되었지만 현재에도 플라스틱의 사용은 줄지 않고 있습니다. 이대로 가면 2050년에는 막대한 양의 플라스틱 쓰레기가 버려질 것으로 예상됩니다.

플라스틱이 등장한 원래의 목적은 자연을 보호하기 위한 것이었습니다. 그러나 아이러니하게 그 플라스틱이 오히려 자연을 파괴하고 있습니다. 어떻게 하면 편리함도 챙기며 자연을 보호할 수 있는지 생각해 보면 좋겠습니다.

답

1문단: **미세 플라스틱의 정의와 현재 상황**　　2문단: **미세 플라스틱이 생태계에 미치는 영향**

3문단: **미세 플라스틱이 인체 건강에 미치는 위험**　　4문단: **플라스틱 사용을 줄이기 위한 노력 촉구**

멸균 환경을 추구하는 것은 과연 우리의 건강에 긍정적일까?

우주 비행사는 우주에서 장기간 생활하면서 여러 가지 건강 문제를 겪는데 그중 면역 기능 저하나 피부 발진 같은 문제가 가장 흔하다. 우주선 안은 특별히 더 깨끗하게 관리할 텐데 왜 그럴까? 이런 문제가 발생하는 것은 오히려 지나치게 멸균된 환경 때문일 수 있다고 한다. 멸균 환경은 균이 전혀 없는 아주 청결한 공간을 의미한다. 건강을 위협하는 균이 없으니 건강에 좋을 거라고 생각할 수 있지만, 지나치게 청결한 환경은 면역 체계에 부정적인 영향을 미칠 수 있다. 우리 몸의 면역 시스템은 다양한 미생물과의 상호 작용을 통해 발달하고 강화된다. 멸균된 환경에서는 이러한 역할을 하는 미생물의 다양성이 감소해 면역 체계가 발달하기 어렵다.

우주 환경만의 문제가 아니다. 우리는 일상생활에서도 지나치게 멸균된 환경을 추구하는 경향이 있다. 특히 현대 사회는 청결을 유지하기 위해 손 세정제, 항균 비누 등 다양한 제품과 방법이 널리 사용되고 있다. 이러한 멸균 지향적인 생활 방식이 과연 우리에게 이로운 것일까? 많은 연구를 통해 지나치게 청결한 환경이 오히려 건강에 해로울 수 있다고 지적이 나오고 있다. 어린 시절 다양한 미생물과의 접촉이 면역 체계의 적절한 발달에 기여한다는 사실도 이미 여러 연구를 통해 입증되있다. 자연에서 활동하면서 다양한 미생물을 접하며 면역 체계를 발달시키는 것이 면역력을 향상시키는 데 더욱 좋다는 것이다.

80

　　면역 체계를 발달시키기 위해 멸균 환경을 추구하는 것보다 균형 잡힌 생활 방식을 유지하는 것이 중요하다. 건강한 식사는 면역 체계의 기초인 영양소를 공급하는 데 필수적이다. 이를 통해 면역력을 강화할 수 있다. 또한 규칙적인 운동은 혈액 순환을 촉진하고 스트레스를 줄여 면역 기능을 향상시킨다. 충분한 수면 역시 면역력에 큰 영향을 미친다. 수면이 부족하면 면역 반응이 저하될 수 있다. 물론 기본적인 위생 관리는 여전히 중요하다. 손 씻기와 같은 기본적인 청결 습관은 감염 예방에 필수적이다. 하지만 과도한 청결을 지향하기보다 적절한 청결 유지와 자연스러운 환경 노출 사이에서 균형을 찾는 것이 바람직하다.

　　청소년기는 신체와 면역 체계가 성장하고 발달하는 중요한 시기이다. 이 시기에 면역 체계를 잘 발달시키면 성인이 되었을 때 건강한 삶을 유지하는 데 큰 무리가 없다. 균을 완전히 없애는 것이 우리의 건강을 지키는 방법이 아니다. 그보다 어떻게 해야 건강한 습관을 챙기고 면역 체계를 발달시킬 수 있는지 깊이 생각해야 한다. 청소년기는 건강한 습관을 자연스럽게 익힐 수 있는 좋은 기회이다. 지금부터 건강을 지킬 수 있는 소중한 습관을 길러 건강한 미래를 만들어 나가야 한다.

똑똑하게 분석해 봅시다

- 문단별로 핵심어를 찾아 동그라미 표시해 보세요.

- 각 문단의 중심 내용을 정리해 보세요.

  1문단:

  2문단:

  3문단:

  4문단:

자유롭게 생각해 봅시다

- 스스로 청결한 편이라고 생각하나요? 지나치게 청결한 것과 적절한 청결의 기준은 무엇인가요?

- 나는 내 주변을 청결하게 유지하는지 생각해 보세요. 주변의 사람들에게도 내가 청결한 편인지 물어보고 그렇게 생각하는 이유도 물어보세요.

분명하게 표현해 봅시다

- 지금까지 멸균 환경에 대해 어떻게 생각했나요? 멸균 환경과 건강에 대한 나의 생각을 정리해서 적어 봅시다.

　개인 방역이 중요해지면서 살균, 멸균, 소독 등 다양한 단어를 혼재해서 사용하고 있습니다. 그러나 이들은 엄연히 다른 단어입니다.

　살균은 미생물을 죽이는 과정입니다. 뜨거운 물이나 UV램프, 염소 소독제 등 다양한 방법으로 살균합니다. 살균은 음식 조리 기구, 물 정화 시설, 병원 등 위생이 중요한 곳에서 광범위하게 사용됩니다. 살균은 소독보다 강력하지만 멸균만큼 완벽하게 모든 미생물을 제거하지 못합니다.

　멸균은 모든 미생물을 완전히 제거합니다. 멸균은 수술 도구, 주사기, 의료 장비와 같이 철저한 무균 상태가 필요한 환경에서 사용됩니다. 멸균 후에는 어떤 미생물도 살아남지 못합니다. 고압 증기, 가스, 방사선 등을 활용해 전문적으로 멸균 처리를 하며 수술실, 실험실, 의약품 제조 등 멸균 환경이 필수적인 곳에서 활용됩니다.

　소독은 상처나 물체 따위에 묻어 있는 병원균을 약품이나 열, 햇빛 따위로 제거하는 것으로 살균과 비슷합니다. 소독의 목적은 감염을 예방하는 것이며 병을 일으킬 수 있는 병원균만 제거하는 데 중점을 둡니다. 손 소독제, 문 손잡이 소독, 알코올로 상처 닦기 등 일상적인 위생 관리에 주로 사용됩니다. 소독은 감염 위험을 줄이는 데 효과적이지만 살균이나 멸균만큼 철저하지는 않습니다.

　살균, 멸균, 소독은 비슷하게 느낄 수 있지만 각기 다른 목적과 방법으로 사용되고 있습니다. 이들의 개념과 차이를 올바르게 인지하고 일상에서 사용하면 건강과 안전을 지키는 데 도움이 됩니다.

답

1문단: **우주 비행사의 면역 저하의 원인**　　2문단: **면역 발달에 저해되는 지나친 청결**

3문단: **면역 강화를 위한 균형 잡힌 생활**　　4문단: **청소년기 건강 습관 중요성**

7

인류의 화성 이주는 현실적인 목표인가 허황된 꿈인가?

인류는 정말 화성에 갈 수 있을까. 최근 화성 이주에 대한 관심이 급증하고 있다. 화성은 지구와 가장 유사한 행성으로 생명체가 존재할 가능성이 있다는 점에서 큰 주목을 받고 있다. 화성의 하루는 약 24시간 37분으로 지구의 하루와 거의 유사하다. 인류가 생존하는 데 필수 요소인 물이 화성의 극 지역에는 존재할 가능성도 있으며, 지구에서 가장 가까운 행성 중 하나로 상대적으로 접근성이 좋다. 또한 화성의 토양이나 대기 자원을 활용할 수 있는 가능성 또한 높다. 이에 많은 나라와 기업이 화성 탐사 프로젝트에 투자하고 있다.

화성 이주는 최근 과학 기술의 발전으로 점차 현실화되고 있다. 특히 로켓 기술이 발달하며 화성 이주에 대한 기대가 더욱 커졌다. 스페이스X와 같은 민간 기업이 재사용 가능한 로켓을 개발하면서 우주 여행 비용이 크게 줄어든 것도 긍정적인 신호이다. 산소 생산, 식수 확보, 폐기물 처리 등의 생명 유지 시스템이 발전해 우주 생활이 가능하게 된 것도 화성 이주에 대한 기대를 높였다. 나사[NASA]는 2030년대 중반에 유인 화성 탐사를 목표로 하고 있으며 유럽 우주 기구[ESA]와 중국도 화성 탐사에 관심을 보이고 있다. 과학 기술이 발달할수록 화성 이주는 인류 미래를 위한 현실적 목표로 자리 잡고 있다.

물론 화성 이주를 반대하는 사람들도 많다. 화성의 평균 온도는 약 $-63°C$로 인간이 생존하기에 부적합한 매우 추운 환경이다. 또 대기가 희박해 방사선이 차단되지 않는 점도 화성 이주를 막는 요인이다.

이러한 극한 환경에서 인간이 안전하게 생존하기 위한 기술을 개발하려면 해결해야 할 과제가 산적해 있다. 화성 이주를 위해 필요한 막대한 비용과 자원도 문제다. 현재 화성 탐사 비용은 수십억 달러에 이르며 이 자금을 조달하는 것은 쉽지 않다. 이주를 위한 인프라를 구축하려면 더 많은 자원과 시간이 필요하다. 화성 이주에 돈을 투자하는 것보다 환경 오염 등과 같이 인류가 직면한 문제를 해결하는 것이 우선이라는 주장도 있다. 화성 이주에 투자할 자원을 지구 문제 해결에 사용하는 것이 더 효과적이라는 것이다.

화성 이주는 인류에게 기술 개발에 대한 가능성을 제공함과 동시에 해결해야 할 수많은 과제를 갖고 있다. 화성 이주를 위해서 지속적으로 기술을 개발하고 연구하며 국제적인 협력을 하는 것은 필수이다. 전 세계가 힘을 모아 화성 탐사에서 발생할 수 있는 문제점을 최소화해야 한다. 화성 이주는 오랜 인류의 꿈이지만 그 과정에서 해결해야 할 문제가 많아 오랜 시간이 필요하다. 화성 이주를 위해 노력하는 만큼 지구를 지키고 개선하는 문제에 대해서도 생각해야 한다. 이러한 것이 적절한 균형을 이룰 때 인류는 더 나은 미래를 꿈꿀 수 있다.

똑똑하게 분석해 봅시다

- 문단별로 핵심어를 찾아 동그라미 표시해 보세요.

- 각 문단의 중심 내용을 정리해 보세요.

  1문단:

  2문단:

  3문단:

  4문단:

자유롭게 생각해 봅시다

- 화성 이주에 대해 생각해 본 적 있나요? 인류의 화성 이주에 대해 찬성 또는 반대한다면 그 이유는 무엇인가요?

- 만약 기술이 발달해서 화성에 이주할 수 있게 되어서 내가 화성 이주 티켓을 받는다면 어떻게 할 건가요?

분명하게 표현해 봅시다

- 과학의 기술 발전과 인류의 화성 이주와 관련하여 우리의 미래는 어떻게 될 것인지 나의 생각을 정리해서 적어 봅시다.

인류는 항상 새로운 것을 탐구하고 더 나은 미래를 꿈꿔 왔습니다. 이러한 상상력은 과학과 기술의 발전을 이끌어 왔습니다. 고대부터 사람들은 별과 행성을 관찰하며 우주에 대한 상상을 했습니다. 20세기 중반, 인류는 상상의 대상이었던 우주에 실제로 첫걸음을 내딛었습니다. 1969년 아폴로 11호가 달에 착륙했고, 이는 우주 탐사의 새로운 장을 열었습니다. 이 사건은 화성 탐사라는 더 큰 목표를 향한 발판이 되었습니다.

상상력은 기술 발전의 원동력이 됩니다. 물론 그 상상이 바로 이루어지지는 않습니다. 화성 이주라는 꿈을 이루기 위해서 인류는 많은 도전 과제를 해결해야 합니다. 화성의 극한 환경은 생존에 많은 어려움을 주며 이를 극복하기 위한 기술 개발이 필수적입니다. 이러한 연구는 화성 이주에 국한되지 않고 지구 환경 문제의 해결에도 기여할 수 있습니다.

인간의 상상력은 새로운 분야의 발전과 혁신을 이끌어 냅니다. 화성 탐사를 위한 로봇 기술의 발전은 지구에서도 다양한 분야로 활용되기도 합니다. 이렇게 상상력을 현실화하는 과정에서 발전한 기술들은 우리의 삶을 편리하게 만들고 새로운 가능성을 열어 줍니다. 하지만 잊지 말아야 할 것이 있습니다. 바로 현재 삶에 대해 생각하는 것입니다. 상상력이 자라기 위해서는 현재의 삶이 튼튼하고 건강해야 합니다. 그래야 꿈과 현실의 균형을 찾고 더 나은 미래를 향해 나아갈 수 있습니다. 이러한 균형을 이룬 상상력은 인류의 진보를 이끌 것입니다.

1문단: 화성 이주에 대한 관심 증가 및 화성 이주의 가능성
2문단: 과학 기술의 발전으로 인한 화성 탐사 현실화 진행
3문단: 극한 환경과 막대한 비용으로 인한 화성 이주 반대
4문단: 화성 이주에 대한 노력과 지구 문제 해결의 균형

8

원자력 발전소와 핵폐기물 관리 문제를 어떻게 해결할 수 있을까?

　　원자력 발전소는 원자핵의 분열 과정을 통해 에너지를 생산하는 시설이다. 주로 우라늄 같은 방사성 물질이 고온과 고압의 환경에서 분열할 때 발생하는 많은 양의 열을 이용한다. 이 열을 이용해 물을 끓여 증기를 만들고, 이 증기로 발전기를 회전시켜 전기를 생성한다. 이렇게 생산된 전기는 가정과 산업에서 광범위하게 사용되며 전 세계 많은 나라에서 중요한 에너지원으로 자리 잡고 있다. 핵 발전소는 대량의 전기를 안정적으로 공급해 산업 발전에 기여하는 중요한 역할을 한다.

　　원자핵의 분열 과정에서 생성되는 방사성 물질을 핵폐기물이라고 하는데, 핵폐기물은 방사능을 방출하는 성질이 있어 그 종류에 따라 위험성이 다르다. 핵폐기물은 고준위 폐기물과 저준위 폐기물로 나뉜다. 고준위 폐기물은 사용된 핵연료에서 발생하며 사람이 1m 이내에 17초만 노출돼도 사망에 이를 정도로 방사능이 강해 수천 년 동안 안전하게 관리해야 한다. 이 물질이 분해되는 데 10만 년이 걸린다. 저준위 폐기물의 경우, 방사능은 상대적으로 낮지만 이 역시 환경과 인체에 위험을 초래할 수 있다. 핵폐기물을 제대로 관리하지 않으면 환경과 인체에 심각한 영향을 미칠 수 있다. 뿐만 아니라 핵폐기물이 토양이나 수원에 유출되면 생태계가 파괴되고 오염 지역 주민들의 건강에 문제가 발생할 수 있다.

　　현재 핵폐기물을 여러 가지 방법으로 처리하고 저장하고 있다. 첫째로 깊은 지하 저장소에 핵폐기물을 격리하는 방법이 있다. 이는 지하 깊은 곳에 위치해 방사능이 지표로 유출되지 않도록 설계되어 수천 년 동안 안정성을 유지할 수 있다. 둘째, 사용된 핵연료를 재활용하는 방법이 있다. 우라늄과 플루토늄을 분리해 다시 연료로 사용하면 폐기물의 양을 줄이고 자원을 효율적으로 활용할 수 있다. 그러나 재처리 과정에 비용이 많이 들고 방사능 관련 사고 위험이 커지는 등의 부작용이 따를 수 있다. 우리나라는 현재 핵폐기물을 원전 내 저장 시설에 보관하고 있다. 핵폐기물 처리장을 건립하려고 시도했으나 주민 반대에 부딪혔고 현재 저장고는 포화 상태에 이르렀다. 2030~2031년까지 우리나라 대부분의 핵연료 저장 수조는 포화 상태가 될 것이다.

핵 발전소에서 에너지를 생성하는 것도 중요하지만, 핵폐기물을 어떻게 처분하는 것이 가장 안전한 방법인지에 대해 고민하고 답을 찾아야 한다. 그렇지 않으면 원자력 에너지를 사용해 본 적도 없는 미래 세대가 기후 위기와 함께 핵폐기물이라는 더 무거운 짐을 떠안을지도 모른다. 핵폐기물 문제는 단번에 해결의 대안이 나올 수 있는 문제가 아니다. 장기적으로 접근해 이에 논의를 이어나가며 원자력 발전소와 핵폐기물 관리 문제를 고민해야 한다.

- 문단별로 핵심어를 찾아 동그라미 표시해 보세요.

- 각 문단의 중심 내용을 정리해 보세요.

  1문단:

  2문단:

  3문단:

  4문단:

- 내가 사는 곳에 핵폐기물 처리 시설이 들어온다면 어떻게 할 것인가요?

- 사람들이 핵폐기물 처리 시설을 반대하는 이유는 안정성 때문입니다. 핵폐기물을 안전하게 처리할 수 있는 좋은 방법은 없을까요?

- 우리가 에너지를 안정적으로 쓰기 위해서는 원자력 발전소가 꼭 필요하지만 에너지를 만들고 난 핵폐기물은 모든 사람이 기피합니다. 이러한 원자력 발전소와 핵폐기물 문제에 대한 나의 생각을 정리해서 적어 봅시다.

방사성 폐기물은 방사능을 방출하는 물질로 핵 발전소에서 발생하는 주요 부산물 중 하나입니다. 반감기는 방사성 물질이 그 양의 절반으로 줄어드는 데 걸리는 시간입니다. 반감기가 5년인 어떤 방사성 물질이 100g 있다면 5년 후에는 50g이 남고, 다시 5년이 지나면 25g이 남습니다. 이렇게 시간이 지나면서 방사성 물질의 양이 점점 줄어드는 것이 반감기입니다. 반감기는 방사성 물질마다 다릅니다. 어떤 물질은 몇 분이나 몇 시간 만에 방사능이 줄어드는 반면에 다른 물질은 수년, 수십 년, 심지어 수천 년이 걸릴 수도 있습니다.

반감기는 방사성 폐기물의 안전 관리와 깊은 관련이 있습니다. 방사성 폐기물은 방사능이 높을 때는 매우 위험하지만 시간이 지나면서 줄어들면 관리 방법도 달라집니다. 반감기를 이해하는 것은 방사성 폐기물이 환경에 미치는 영향을 줄이는 데도 중요합니다. 방사성 물질이 분해되면서 방사능이 줄어들기 때문에 폐기물이 안전한 수준까지 감소하는 데 걸리는 시간을 예측할 수 있습니다. 이를 통해 폐기물 관리 계획을 세우고 필요한 안전 조치를 취할 수 있습니다. 반감기는 단순히 물질의 양이 줄어드는 것만을 의미하지 않습니다. 방사능이 줄어들면 그 물질이 주변 환경에 미치는 영향도 감소합니다.

방사성 폐기물과 반감기는 우리 사회가 핵에너지를 안전하게 활용하기 위해 필수적으로 알아야 할 요소입니다. 이러한 지식을 바탕으로 방사성 폐기물 문제를 해결하기 위해 노력해야 합니다. 그것이 핵에너지를 사용하고 있는 모두의 책임이자 의무임을 잊지 말아야 합니다.

1문단: 원자핵 분열로 전기를 생산하는 원자력 발전소　2문단: 고준위와 저준위로 나뉘는 핵폐기물

3문단: 격리와 재활용을 통한 핵폐기물 처리 방법　4문단: 안전한 핵폐기물 처분을 위한 논의

3장
기술

1 스마트폰은 우리 삶에 어떤 변화를 가져왔을까?

　인터넷과 스마트폰은 현대 사회에서 떼려야 뗄 수 없는 존재이다. 스마트폰의 발전은 우리의 일상생활을 크게 변화시켰고 스마트폰을 통해 언제 어디서나 정보를 얻고 소통할 수 있는 환경이 조성되었다. 특히 스마트폰은 일상생활, 학습, 사회적 상호 작용의 중심이 되어, 이제 대부분의 청소년은 스마트폰이 없이 생활하기 어렵다. 2015년 3월 영국의 주간지 이코노미스트는 스마트폰을 신체의 일부처럼 사용하는 새로운 인류 문명의 시대가 도래했다고 하며, 이들을 '포노 사피엔스'라 명명했다.

　스마트폰의 등장은 친구 및 가족과의 소통 방식을 크게 변화시켰다. 과거에는 전화, 편지, 대면 만남으로 소통했지만 이제는 문자 메시지, 메신저 앱 등을 통해 실시간으로 대화하여 사회적 지지망을 강화하고 고립감을 줄일 수 있다. 또 온라인 강의, 교육 애플리케이션, 오픈 소스 학습 플랫폼 등을 통해 학교 교육 이외에도 다양한 지식과 정보를 쉽게 접할 수 있게 해주기도 한다. 그뿐 아니라 청소년들이 자신의 생각, 예술 작품을 자유롭게 표현하고 공유할 수 있는 플랫폼을 제공해 자신만의 콘텐츠를 만들고 다양한 사람들과 소통하며 시야를 넓히도록 돕기도 한다.

　그러나 스마트폰을 사용하는 범위가 지나치게 넓어지면서 많은 문제가 발생했다. 과도한 스마트폰 사용은 중독을 일으킬 수 있으며 수면 장애, 집중력 저하, 신체 활동 감소 등의 부작용이 발생할 수 있다.

밤늦게까지 스마트폰을 사용하면 수면의 질이 떨어져 학업이나 일상 생활에 부정적인 영향을 미치기도 한다. 잘못된 정보나 가짜 뉴스에 노출되면 잘못된 지식을 습득하거나 편향된 시각을 형성할 위험이 크다. 주의를 기울이지 않으면 개인 정보가 유출되거나 온라인 사기를 당할 수도 있다. 특히 소셜 미디어에서 사생활 노출을 했을 경우 예기치 않은 결과를 초래할 수 있어 주의가 요망된다.

청소년에게 스마트폰은 새로운 세상을 열어 주는 동시에 위험을 안겼다. 그렇기 때문에 스마트폰을 사용할 때는 적절한 균형이 필요하다. 스마트폰 사용 시간을 조절하고 건강한 디지털 습관을 길러야 한다. 어른들은 청소년들이 스마트폰을 안전하게 사용할 수 있도록 지도해야 한다. 이러한 노력들이 결합되어야 스마트폰이 청소년들에게 유용한 도구로 자리 잡을 것이다. 스마트폰은 앞으로 더욱 발전하고 우리의 삶에 깊숙이 관여할 것이다. '포노 사피엔스'라는 새로운 존재가 등장한 만큼 어떻게 해야 현명하게 스마트폰을 사용할 수 있을지 고민해 보아야 한다.

- 문단별로 핵심어를 찾아 동그라미 표시해 보세요.

- 각 문단의 중심 내용을 정리해 보세요.
  1문단:
  2문단:
  3문단:
  4문단:

- 스마트폰을 사용하고 있나요? 스마트폰 사용에 대해 찬성 또는 반대한다면 그 이유는 무엇인가요?

- 스마트폰을 사용할 때의 규칙을 세워서 지키고 있나요? 만일 스마트폰 사용 규칙이 없다면 만들어보세요.

- 스마트폰은 우리의 삶을 어떻게 바꾸었나요? 스마트폰과 우리의 삶에 대한 나의 생각을 정리해서 적어 봅시다.

　　방송통신위원회 조사에 따르면 성인의 경우 하루에 5시간 이상 스마트폰과 디지털 기기를 사용하고 있는 것으로 추정됩니다. 중고등학생은 학습용으로 사용하는 시간을 제외하고 하루 평균 스마트폰 사용 시간이 평일 4시간이 넘고 주말에는 7시간 가까이 이른다는 교육부의 조사 결과도 있습니다. 대부분의 사람에게 스마트폰 과의존 현상이 나타나고 있으며 그중 특히 청소년층의 비율이 높은 편입니다.

　　스마트폰과 디지털 기기의 과도한 사용은 특히 청소년들에게 부정적인 영향을 미칩니다. 이러한 증상을 디지털 중독이라고 합니다. 디지털 중독을 없애려면 디지털 사용을 줄여야 합니다. 이를 독소를 제거한다는 뜻의 디톡스라는 단어를 활용해 '디지털 디톡스'라고 부릅니다. 디지털 디톡스는 디지털 기기로 인한 정신적·육체적 스트레스를 제거한다는 의미입니다. 디지털 디톡스를 하는 방법은 간단합니다. 일정 기간 동안 스마트폰과 디지털 기기의 사용을 줄이거나 중단하고 대신 휴식이나 다른 활동을 통해 심신을 회복하면 됩니다.

　　디지털 디톡스를 한다고 해서 무조건 스마트폰을 멀리 하라는 것이 아닙니다. 잠깐이라도 스마트폰을 내려놓고 그동안 놓치고 있던 것들에 대해 다시 돌아보자는 의미가 큽니다. 스마트폰을 통해서가 아닌 직접 얼굴을 보고 소통하며 일상의 즐거움을 발견하는 것이 핵심입니다. 이렇게 한다면 스마트폰을 과도하게 사용하거나 그로 인한 부작용을 줄일 수 있을 것입니다. 어떻게 하면 일상생활과 디지털 생활의 균형을 맞출 것인지 고민하고 효과적인 방법을 찾아야 합니다.

답

1문단: **청소년 삶의 중심이 된 스마트폰**　　　2문단: **스마트폰 사용의 긍정적인 기능**
3문단: **과도한 스마트폰 사용으로 인한 문제**　　4문단: **스마트폰 사용에 대한 당부**

 2

개인 정보 보호는 왜 중요한가?

이름, 생일, 집 주소, 전화번호, 학교 이름, 성적, 자격증, 아이디와 비밀번호, 메일 주소 등이 모두 개인 정보에 해당한다. 개인 정보가 노출되면 다른 사람이 나의 정보를 바탕으로 범죄나 사기 같은 일에 악용할 수도 있으므로 항상 개인 정보를 안전하게 보호해야 한다. 그러나 개인 정보를 지키는 것이 쉬운 일은 아니다. 그래서 국가는 개인 정보 침해로 인한 국민의 피해 구제를 강화해, 사생활의 비밀을 보호하고 개인 정보에 대한 국민의 권리와 이익을 보장하기 위해 개인 정보 보호법을 제정했다.

아마 사이트에 가입하기 위해 개인 정보를 입력하는 과정에서 개인 정보 보호법에 따라 개인 정보를 어떻게 처리할 것인지 체크하는 칸이 나온 것을 기억할 것이다. 개인 정보 보호법은 개인 정보의 수집, 이용, 저장, 파기 등 모든 단계에서 개인의 권리를 강화하기 위한 법적 기준이다. 기업이나 기관은 개인 정보를 수집할 때 반드시 이용자의 동의를 받고 사용 목적을 명확히 밝혀야 한다. 수집된 개인 정보는 안전하게 관리되고 유출이나 변조를 방지하기 위한 기술적 조치가 취해져야 한다. 이러한 법적 장치에도 불구하고 여전히 개인 정보 유출 사건이 종종 발생한다. 이런 문제가 발생하는 이유는 해킹 기술이 발전한 것도 있지만 아직 사람들의 개인 정보 보호에 대한 인식이 낮기 때문이다.

개인 정보를 보호하기 위해 인터넷을 사용할 때 개인 정보 처리 방

침 및 이용 약관을 꼼꼼히 살펴야 한다. 여기에는 서비스 제공자가 개인 정보를 어떻게 수집하고 사용하며 보호하는지에 대한 정보가 포함되어 있다. 이를 자세히 살펴보아야 한다. 비밀번호도 중요하다. 비밀번호는 타인이 쉽게 유추하기 어려운 숫자, 문자 등의 조합으로 설정하고 주기적으로 변경하는 것이 좋다. 자신의 아이디와 비밀번호, 주민 번호 등의 개인 정보가 공개되지 않도록 주의하여 관리해야 한다. 특히 다른 사람에게 이러한 정보를 절대 알려 주어서는 안 된다. 공유 폴더에 개인 정보를 저장하거나 PC방에서 금융 거래를 하는 것도 위험할 수 있으므로 가능한 피하는 것이 좋다.

디지털 시대가 되면서 개인 정보 보호의 중요성은 더욱 커지고 있다. 인터넷과 스마트폰의 사용이 일상화되어 많은 사람이 다양한 온라인 서비스에 가입하고 개인 정보를 공유한다. 이런 상황에서 개인 정보가 유출되거나 악용되면 개인은 물론 사회 전반에 큰 피해가 발생할 수 있다. 이에 자신이 어떤 정보를 공유하고 있는지 인식해야 하며 기업과 기관은 개인 정보를 안전하게 관리해야 한다. 신뢰를 얻기 위해서 보안 시스템을 강화하고 정기적인 보안 점검을 실시하며 개인 정보 보호에 책임을 다해야 한다. 이를 통해 보다 안전하고 신뢰할 수 있는 디지털 환경을 만들어 나가야 한다.

- 문단별로 핵심어를 찾아 동그라미 표시해 보세요.

- 각 문단의 중심 내용을 정리해 보세요.

  1문단:

  2문단:

  3문단:

  4문단:

- 개인 정보가 중요해지면서 개인 정보 보호의 필요성이 대두되고 있습니다. 개인 정보 보호가 필요한 이유는 무엇인가요?

- 만일 나의 개인 정보가 유출되었다면 어떻게 행동하면 좋을까요?

- 데이터 개인 정보가 왜 중요한지 그 중요성에 대한 나의 생각을 정리해서 적어 봅시다.

　인터넷을 사용할 때는 계정 로그인 2단계 인증을 반드시 설정해야 합니다. 2단계 인증을 하면 계정 보안을 강화해 해킹이나 무단 접근을 방지하기 때문입니다. 이 인증 방식은 비밀번호 외에 추가 인증이 더 필요하므로 개인 정보를 더욱 안전하게 보호할 수 있습니다.

　SNS를 사용할 때도 주의가 필요합니다. SNS에는 글뿐 아니라 사진과 동영상 등을 함께 게시하는데, 이때 무심코 올린 사진이 개인 정보 유출로 이어져 범죄에 노출될 수 있습니다. 비행기 탑승권에 찍힌 바코드로 각종 개인 정보, 여행 정보, 항공 마일리지까지 조회 및 갈취가 가능하므로 절대 게시해서는 안 됩니다. 또 탑승권 속 여행 일정은 내가 집을 비울 시점을 알리게 되어 빈집 털이의 표적이 될 수도 있습니다. 공연 티켓도 마찬가지입니다. 티켓에 기재된 결제자 이름이나 결제 정보가 노출되면 범죄에 악용될 수 있으며 허위 티켓 판매자에게 자료가 될 수 있습니다. 택배 상자에 있는 주소 스티커, 문자 메시지, 메시지 대화 등도 주소나 전화번호가 노출될 수 있으므로 주의해야 합니다.

　인터넷과 SNS를 안전하게 사용하기 위해서 개인 정보 보호에 대한 경각심을 갖고 주의 깊게 행동해야 합니다. 작은 실천이 큰 피해를 예방할 수 있습니다. 모두가 안전한 온라인 환경을 만들기 위해 다 함께 노력하면 좋겠습니다.

답

1문단: **개인 정보 보호의 중요성과 개인 정보 보호법 제정**

2문단: **개인 정보 처리를 위한 동의 및 안전 관리**

3문단: **개인 정보 보호를 위한 다양한 방법 안내**

4문단: **디지털 시대 개인 정보 보호의 필요성 당부**

3 에듀테크에 따른 미래 교육은 어떻게 변화할까?

오늘날 교육의 가장 큰 변화 동력은 '에듀테크EduTech'다. 에듀테크는 교육Education과 기술Technology의 결합으로 단순히 새로운 기기를 쓰는 수준을 넘어 학습 방식 자체를 바꾸고 있다. 에듀테크를 통해 교실 수업과 온라인 학습이 자연스럽게 연결되고 학생들의 학습 내용은 데이터로 저장되어 개별 수준에 맞춘 맞춤형 콘텐츠를 제공하는 등 미래 교육은 지금과 확연히 달라질 것이다. '무엇을 배우느냐' 못지않게 '어떻게 배우는가'가 중요해질 것이다. 미래 교육은 크게 두 가지의 모습을 보일 것이다.

첫 번째 변화는 학습의 개인화다. 지금까지는 한 교실에서 같은 자료를 같은 속도로 배웠다. 하지만 에듀테크 환경에서는 학생의 성취도, 오답 유형, 학습 습관 같은 데이터를 분석해 개인 맞춤형 학습 경로를 제시한다. 이해가 부족한 부분은 설명 영상을 반복해서 보고 필요한 문제만 묶어 연습할 수 있다. 반대로 빠르게 이해한 학생은 심화 자료와 프로젝트로 더 높은 수준에 도전하는 것이 가능해진다. 각자에게 맞는 속도와 난이도가 제공되면 자신감이 생기고 노력의 방향도 또렷해진다.

두 번째 변화는 몰입형 학습의 확대다. 가상현실VR과 증강현실AR, 인터랙티브 시뮬레이션을 활용하면 수업이 지식을 전달하는 것을 넘어 그 지식을 직접 경험하는 탐구 과정으로 바뀐다. 과학 수업 시간에는 위험한 실험을 가상 공간에서 안전하게 반복해 볼 수 있고 역사 수업 시간에는 당시의 도시와 인물을 가까이에서 관찰하듯 살펴볼 수 있다. 외국어 학습 시간에는 발음에 대한 피드백과 채점이 즉시 이루어져 학생들이 의사소통 연습을 할 수 있도록 돕는다. 에듀테크를 통해 몸으로 느끼고 손으로 조작하는 활동으로 학습에 대한 흥미를 높이고 학습 내용을 오래 기억하게 만든다.

에듀테크는 학습 방식, 교사의 역할, 학생의 태도까지 새롭게 정의하도록 한다. 교사는 지식을 전달하는 존재에서 학습 코치가 되어 학생들에게 필요한 자료를 연결하고 학습 전략을 지도할 것이다. 또 학생은 스스로 목표를 세우고 과정과 결과를 기록하며 피드백을 바탕으로 다음 단계를 계획하는 주도적 학습자가 될 것이다. 에듀테크가 발전할수록 우리 미래 교육은 더욱 더 개별화되고 더욱 더 몰입적이며 학생 중심으로 발전할 것이다.

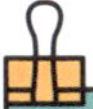

똑똑하게 분석해 봅시다

- 문단별로 핵심어를 찾아 동그라미 표시해 보세요.

- 각 문단의 중심 내용을 정리해 보세요.

  1문단:

  2문단:

  3문단:

  4문단:

자유롭게 생각해 봅시다

- 수업시간에 에듀테크를 활용했던 경험이 있나요? 에듀테크를 활용해서 수업을 할 때 어떤 생각이 들었나요?

- 지금도 교육의 방향은 크게 변화하고 있습니다. 미래에는 더욱 많은 것이 변화하리라 예상됩니다. 미래 교육은 어떻게 될지 상상해 볼까요?

분명하게 표현해 봅시다

- 이미 교육에서 에듀테크를 활용하여 다양한 수업이 이루어지고 있습니다. 이러한 에듀테크가 더욱 활성화된다면 어떨지 에듀테크와 미래 교육에 대한 나의 생각을 정리해서 적어 봅시다.

에듀테크는 교육과 기술의 융합으로 디지털 기기를 활용한 새로운 학습 방식입니다. 하지만 디지털 기기를 사용하는 것을 무조건적으로 에듀테크라고 할 수 없습니다. 에듀테크는 학생들이 협업하고 문제를 해결하는 능력을 키우는 기회를 제공하는 도구라는 것에 목적을 두어야 합니다.

에듀테크와 관련해 고민할 또 다른 문제는 디지털 소외입니다. 디지털 소외는 기술에 대한 접근의 차이로 인해 발생하는 불평등 현상입니다. 경제적 여건이나 지역적 차이로 인해 모든 학생이 최신 디지털 기기를 사용할 수 있는 것은 아닙니다. 이러한 차이는 교육의 격차를 심화시킬 수 있습니다. 에듀테크가 확산되면 일부 학생은 다양한 학습 자원에 쉽게 접근하는 반면, 다른 학생은 이런 기회를 누리지 못합니다. 이로 인해 일부 학생들은 교육을 받을 권리를 침해받고 사회적 불평등이 더욱 심화될 수 있습니다. 에듀테크를 활용할 때 디지털 소외 문제를 해결하기 위한 방안을 함께 고민해 모든 학생이 동등하게 디지털 기술을 활용할 수 있는 환경을 조성해야 합니다.

또한 클릭 몇 번으로 답을 얻을 수 있는 에듀테크의 편리함은 학습의 본질인 실질적인 이해와 깊이 있는 학습을 방해합니다. 학습은 학습자의 사고력과 문제 해결 능력을 키우는 과정인데, 에듀테크를 잘 못 사용할 경우 표면적으로만 학습할 수 있습니다. 그렇게 되면 사고력과 문제 해결 능력을 키우지 못할 가능성이 큽니다.

에듀테크를 효과적으로 활용하기 위해서는 디지털 기기를 통해 어떤 지식을 얻고 어떻게 협업하며, 어떻게 문제를 해결할 수 있을지 고민해야 합니다. 이러한 태도를 갖추어야 미래 사회에서 성공적으로 적응하고 다양한 문제를 해결해 나갈 수 있습니다.

답

1문단: **4차 산업 혁명과 에듀테크** 　　2문단: **인공 지능의 도입으로 가능해진 맞춤형 학습**

3문단: **미래에 변화하게 될 학교와 교실의 역할** 　　4문단: **자기 주도적 학습 태도 필요성 강조**

4 자율 주행 자동차의 미래와 안전 문제는 어떤 관계가 있을까?

　다양한 분야의 첨단 기술이 융합된 자율 주행 자동차가 주목받고 있다. 자율 주행 자동차는 주행 환경을 인지해 위험을 판단하고 주행 경로를 제어해 운전자의 주행 조작을 최소화하는 자동차로, 2012년 5월 구글이 미국 네바다주에서 자율 주행 자동차의 시험 주행 면허를 획득하면서 이슈화되어 주목을 받기 시작했다. 자율 주행 자동차는 카메라, 센서, 인공 지능 등 다양한 기술을 활용해 주변 환경을 인식하고 안전하게 길을 찾는다. 노약자나 장애인을 포함한 운전자에게 편리한 운송 수단을 제공하고 차량 간 충돌 사고를 감소시키고 교통의 흐름을 원활하게 하는 주행 서비스까지 포함하고 있다.

　최근 몇 년 동안 자율 주행 자동차 기술은 놀라운 속도로 발전했다. 구글의 웨이모와 테슬라, 현대자동차 그리고 여러 스타트업 회사가 자율 주행 기술을 상용화하기 위해 활발히 연구하고 있다. 이러한 노력의 결과로 일부 도시에서 자율 주행 자동차가 실제 도로에서 운행되고 있기도 하다. 자율 주행 자동차가 보편화되면 교통 체증이 크게 줄고 효율적인 이동이 가능해질 것이다. 나아가 교통 안전성 향상과 물류 산업의 혁신까지 이끌어 결국 교통의 패러다임이 변화할 것이다.

　그러나 자율 주행 자동차의 안전성에 대한 우려는 여전히 크다. 자율 주행 자동차에는 고도로 발전된 기술이 응집되어 있으나, 기술적 오류나 예상치 못한 상황에서 사고가 발생할 가능성은 항상 존재한다. 실제로 자율 주행 자동차와 관련된 교통사고가 발생한 사례도 있다. 사고가 발생할 경우 인간 운전자는 직관적으로 상황을 판단할 수 있지만 자율 주행 자동차는 데이터에 의존하므로 예외적인 상황에 적절하게 대응하지 못할 가능성이 크다. 예상하지 못한 사고에 대비하고 자율 주행 자동차의 안전성을 높이기 위해 다양한 주행 조건에서의 검증과 사고 시뮬레이션을 통해 기술을 보완하고 인공 지능 알고리즘을 개선해야 한다. 이러한 노력이 이루어질 때 자율 주행 자동차는 안전을 보장하는 교통 혁신의 도구로 자리 잡을 수 있다.

자율 주행 자동차의 안전성을 높이기 위해서는 지속적인 연구와 개발이 필수적이며 이를 뒷받침할 제도적 장치 또한 마련되어야 한다. 각국 정부는 자율 주행 자동차의 안전 기준과 인증 절차를 마련하고 기업은 끊임없이 인공 지능 알고리즘을 보완해 신뢰성을 높여야 한다. 또한 사회는 윤리적 기준과 개인정보 보호 방안을 세워 자율 주행 자동차의 안전성에 대해 안심할 수 있는 환경을 갖추어야 한다. 이러한 기반이 갖추어져야 자율 주행 자동차는 교통사고를 줄이고 교통 체증을 완화하며 누구에게나 안전하고 편리한 이동성을 보장하는 새로운 사회적 가치로 자리매김할 것이다.

똑똑하게 분석해 봅시다

- 문단별로 핵심어를 찾아 동그라미 표시해 보세요.

- 각 문단의 중심 내용을 정리해 보세요.

    1문단:

    2문단:

    3문단:

    4문단:

자유롭게 생각해 봅시다

- 자율 주행 자동차를 타거나 본 적이 있나요? 자율 주행 자동차에 대해 찬성 또는 반대한다면 그 이유는 무엇인가요?

- 자율 주행 자동차로 운전을 하다가 사고가 났다면 그것은 누구의 책임일까요?

분명하게 표현해 봅시다

- 미래에는 자율 주행 자동차가 더욱 확대될 것입니다. 자율 주행 자동차는 안전할까요, 그렇지 않을까요? 자율 주행 자동차의 미래와 안전 문제에 대한 나의 생각을 정리해서 적어 봅시다.

완전 자율 주행 자동자는 운전자의 간섭 없이 스스로 판단을 내리며 인간의 도움 없이 스스로 주행하는 차량을 말합니다. 아직 이 단계에 도달한 자율 주행 자동차는 존재하지 않습니다.

자율 주행은 크게 레벨 0부터 레벨 5단계로 나뉘며 레벨 0은 '비자동화' 상태를 나타냅니다. 레벨 1은 차량이 주행 방향이나 가속·감속을 보조하는 단계이고, 레벨 2는 이 두 가지를 모두 지원합니다. 하지만 레벨 2까지는 여전히 운전자의 개입이 필요합니다. 운전자가 핸들을 잡을 필요가 없는 자동화 단계는 레벨 3단계부터입니다. 이 단계에서는 고속 도로나 자동차 전용 도로에서 자율 주행이 가능합니다. 하지만 돌발 상황이 발생할 경우 운전자의 개입이 필요하므로 완전한 자율 주행이라고 보기는 어렵습니다. 사실상 완전 자율 주행에 가까운 단계는 레벨 4인데 특정 구간에서 운전자나 승객의 조작 없이 운행할 수 있습니다. 레벨 5가 되면 이러한 제약 없이 완전한 자동 운전이 가능해집니다.

자율 주행 자동차는 인건비를 크게 절감해 비용 효율성을 높일 것으로 기대됩니다. 하지만 복잡한 도로 상황과 다양한 변수를 모두 고려해야 하며 인명과 관련된 만큼 기술적 난도가 매우 높습니다. 또한 규제와 관련된 여러 장애물도 존재합니다.

그럼에도 자율 주행 자동차는 업계에서 블루 오션으로 평가받고 있으며 미래의 교통 환경을 변화시킬 혁신적인 기술로 여겨집니다. 자율 주행 자동차 기술 개발은 교통사고를 줄이고 효율적인 이동 수단을 제공해 사회 전반에 긍정적인 영향을 미칠 것입니다.

 답

1문단: **자율 주행 자동차의 발전과 기술 활용** 2문단: **자율 주행 자동차의 상용화와 기대 효과**
3문단: **자율 주행 자동차의 안전성 우려** 4문단: **법적 규제와 신뢰 구축의 중요성**

게임
그만!

에는!
12시 전에
자기!

　　인터넷 중독의 원인은 여러 가지가 있다. 특히 심리적, 사회적, 환경적 요인이 중요한 역할을 한다. 심리적 요인은 사람들과의 관계에서 외로움이나 여러 스트레스를 느낄 때 인터넷을 통해 위안을 찾으려 하는 것이다. 온라인에서는 쉽게 다른 사람과 소통할 수 있어 현실의 어려움을 잠시 잊을 수 있다. 하지만 사회적 요인의 관점에서 보면 소셜 미디어의 피드백에 집착하게 되어 이를 통해 자신의 가치를 평가받고 싶어진다. 이러한 욕구는 점점 더 많은 시간을 인터넷에 소비하게 만든다. 인터넷 사용을 제한하지 않거나 인터넷에 몰두하는 환경적 요인 역시 인터넷에 몰두해 중독될 수 있게 한다.

　　인터넷 중독은 여러 문제를 초래한다. 인터넷에 과도하게 몰두하면 학습 시간과 집중력이 줄어 학업 성취도가 떨어지고 이로 인해 자신감이 감소할 수 있다. 늦은 시간까지 컴퓨터나 스마트폰 화면을 보면 수면을 충분히 취하지 못해 피로가 쉽게 쌓인다. 장시간 앉아 있는 생활 습관은 비만이나 허리 통증 같은 신체적 문제를 야기할 수도 있다. 대인 관계의 저하도 중요한 문제이다. 인터넷에 중독되면 실제 친구들과의 대면 소통이 줄어들고 온라인 소통에 의존하게 된다. 이는 대인 관계 기술을 익히는 데 방해가 된다. 결국 외로움을 느끼고 심리적 불안으로 이어질 수 있다. 결과적으로 인터넷 중독은 개인의 삶에 부정적인 영향을 미친다.

　　인터넷 중독은 심각한 문제이다. 우선 인터넷 사용 시간을 제한하고 학습 목표를 세워 우선순위를 정해야 한다. 하루에 일정 시간을 정해서 그 시간 안에서만 인터넷을 사용하도록 하고, 나머지 시간은 학습이나 다른 활동에 집중해야 한다. 이렇게 시간을 관리하면 집중력을 높이고 학업 성적 향상에 긍정적인 효과를 얻을 수 있다. 가족과 함께하는 시간을 늘리는 것도 필요하다. 저녁 식사나 게임, 산책 등은 인간관계 기술을 익히는 좋은 기회가 된다. 가족과 함께 이런 활동을 하면 가족 간의 유대감을 높이고 온라인 소통 대신 실제 대면 소통하는 방법을 익히게 하여 인간관계를 더욱 풍부하게 만든다.

인터넷 중독이 심각하다면 전문적인 도움을 통해 인터넷 사용 습관을 개선할 필요도 있다. 전문가의 상담과 치료는 개인이 인터넷 사용 습관을 개선하고 중독에서 벗어나는 데 큰 도움이 된다. 심리 상담이나 그룹 치료를 통해 자신의 감정과 문제를 인식하고 건강한 대처법을 배우는 과정이 필요하다. 인터넷과 일상의 균형을 잘 맞추는 것이 중독 예방의 핵심이다. 전문가의 도움과 함께 일상생활에서의 균형을 이루려는 개인의 노력이 더해진다면 충분히 인터넷 중독을 예방할 수 있다.

똑똑하게 **분석해** 봅시다

- 문단별로 핵심어를 찾아 동그라미 표시해 보세요.

- 각 문단의 중심 내용을 정리해 보세요.

    1문단:

    2문단:

    3문단:

    4문단:

자유롭게 **생각해** 봅시다

- 나는 인터넷을 많이 사용하는 편인가요? 인터넷을 사용하는 것에 대해서 어떤 생각을 갖고 있나요? 인터넷 사용에 대해서 찬성 또는 반대한다면 그 이유는 무엇인가요?

- 많은 청소년이 인터넷을 과도하게 사용하는 인터넷 중독에 빠져 있습니다. 이러한 인터넷 중독을 줄일 수 있는 다른 방법은 없을까요?

분명하게 **표현해** 봅시다

- 자신과 주변 친구들의 모습을 보고 인터넷 중독의 상황이 어느 정도인지, 인터넷 중독의 원인과 해결 방법이 무엇이 있는지에 대한 나의 생각을 정리해서 적어 봅시다.

　현대 사회의 소셜 미디어는 많은 사람을 중독시키고 있습니다. 그 이유 중 하나가 도파민 때문입니다. 도파민은 기분을 좋게 하는 신경 전달 물질로, 소셜 미디어에서의 긍정적인 경험이나 피드백이 도파민을 유발합니다. 도파민의 쾌감은 사용자의 뇌에 강한 자극을 제공해 더 많은 시간과 노력을 소셜 미디어에 몰입하게 만듭니다. 이러한 과정에서 뇌는 점점 더 즉각적인 보상을 원하게 되고 사용자는 자제력을 잃고 무의식적으로 소셜 미디어의 화면을 열어보게 됩니다. 소셜 미디어 사용이 지속되면 일상생활이 지루하고 우울하게 느껴집니다. 현실에서의 자극보다 소셜 미디어에서의 자극이 증가하면 사용자들은 더욱 자극적인 콘텐츠를 찾게 됩니다. 이러한 현상은 일상을 더욱 따분하게 만드는 악순환에 빠지게 합니다.

　소셜 미디어는 알고리즘에 의해 사용자 맞춤형 콘텐츠를 제공하는데 사용자가 누른 '좋아요'나 '싫어요'의 정보를 기반으로 관련 콘텐츠가 선정됩니다. 이는 사용자가 점점 더 단순한 이분법적 사고에 익숙해지도록 만듭니다. 사회는 복잡하고 다양한 관점이 존재하는데 이보다 소셜 미디어에서 제공하는 단순화된 정보에 의존해서 빠져들게 만듭니다. 이러한 현상은 건강한 사회 발전을 저해하며 다양한 의견이나 관점을 존중하는 문화가 사라지게 할 수 있습니다.

　소셜 미디어는 부정적인 여러 요인을 갖고 있습니다. 이러한 점을 인지하면서 소셜 미디어를 올바르게 사용하고 다양한 의견과 균형 잡힌 시각을 유지하려는 노력이 함께 되어야 소셜 미디어는 건강한 사회적 소통의 도구가 될 수 있습니다.

1문단: 인터넷 중독의 심리적, 사회적, 환경적 원인　　2문단: 인터넷 중독이 초래하는 여러 문제
3문단: 인터넷 사용 시간 제한과 가족 활동 필요　　4문단: 전문적인 도움과 일상 균형 중요성

블록체인의 원리는 무엇이며 응용은 어떻게 이루어질까?

블록체인은 비트코인 등의 가상 화폐 혹은 암호 화폐 시스템의 근간이 되는 기술이다. 블록체인은 '블록'과 '체인'으로 구성되어 있다. 블록은 여러 거래나 정보를 담고 있는 데이터 구조로, 각 블록은 특정한 양의 정보를 담고 있다. 블록은 주기적으로 생성되며 연속으로 연결되어 체인을 형성한다. 블록에는 그 블록이 생성된 시간이 기록된다. 블록체인은 분산 저장 방식을 사용한다. 데이터가 여러 컴퓨터에 나뉘어 저장되어 만약 한 컴퓨터가 해킹 당해도 다른 컴퓨터에 저장된 데이터는 여전히 안전하게 보호된다. 또 모든 사용자가 블록체인의 내용을 공유해 투명하게 데이터가 공개된다.

블록체인의 작동 방식은 크게 세 단계로 나눌 수 있다. 첫째, 사용자가 서로 간에 자산을 주고 받거나 정보를 공유할 때 거래가 발생하는데, 이 거래는 블록체인 네트워크에 전송된다. 둘째, 네트워크에 연결된 여러 컴퓨터는 거래의 유효성을 확인한다. 이 과정에서 거래가 실제로 가능한지, 사용자가 해당 자산을 소유하고 있는지 체크한다. 이 검증 과정은 블록체인의 보안성을 높이는 중요한 역할을 한다. 마지막으로 검증이 완료된 거래들은 하나의 블록에 모여 저장된다. 이 블록은 이전 블록과 연결되어 체인을 형성한다. 블록이 체인에 추가되면 해당 거래는 영구적으로 기록되어 누구나 확인할 수 있다.

블록체인에 저장된 데이터는 변경하기 매우 어렵다. 각 블록은 이전 블록과 연결되어 있기 때문에 하나의 블록을 수정하려면 그 이후의 모든 블록을 다시 변경해야 한다. 이러한 특징으로 해킹이 어려워 블록체인의 보안성은 매우 뛰어나다. 또한 모든 사용자에게 거래 내역이 공유되므로 불법적인 거래나 사기를 감지하기도 수월하다. 블록체인의 투명한 시스템은 사용자 간의 신뢰를 높이는 데 큰 도움이 된다. 이뿐만 아니라 블록체인은 은행 등의 전통적인 금융 시스템과 다르게 중개자 없이 개인 간의 직접 거래를 가능하게 만들었다. 직접 거래를 통해 거리 비용이 줄고 거래가 더 빠르게 이루어질 수 있게 된 것이다. 이러한 장점들 덕분에 블록체인은 다양한 산업에서 혁신적 변화의 원동력이 되고 있다.

블록체인은 단순한 기술적 도구를 넘어 사회 전반에 큰 변화를 일으킬 잠재력을 지니고 있다. 거래의 투명성과 신뢰성을 높이는 기능은 금융뿐만 아니라 행정, 의료, 교육 등 다양한 영역에 적용될 수 있으며 이는 우리의 삶을 더욱 안전하고 효율적으로 만들 것이다. 물론 아직 해결해야 할 보안 문제나 제도적 장치가 남아 있지만 블록체인의 발전 방향은 분명히 긍정적이다. 앞으로 블록체인은 4차 산업 시대를 이끄는 핵심 기술로 자리매김하며 우리가 살아가는 방식 자체를 새롭게 바꾸어 나갈 것이다.

똑똑하게 분석해 봅시다

- 문단별로 핵심어를 찾아 동그라미 표시해 보세요.

- 각 문단의 중심 내용을 정리해 보세요.

  1문단:

  2문단:

  3문단:

  4문단:

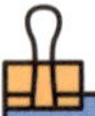

자유롭게 생각해 봅시다

- 블록체인의 데이터가 저장되는 과정을 살펴보면 보안성이 무척 높습니다. 블록체인의 보안성에 대해 찬성 또는 반대한다면 그 이유는 무엇인가요?

- 현금에서 카드로 넘어갔듯이 비트코인이 미래 금융 시스템에서 중요한 역할을 할 것이라는 의견이 있습니다. 비트코인과 같은 암호 화폐는 미래 금융 시스템에서 어떤 역할을 할까요?

분명하게 표현해 봅시다

- 블록체인의 원리와 응용에 대해 좀 더 공부해 보고 이에 대한 나의 생각을 정리해서 적어 봅시다.

　최근 몇 년 사이에 기술이 눈부시게 발전하면서 우리 생활에 많은 변화를 가져왔습니다. 그중 딥페이크^{DeepFake}는 흥미와 우려를 동시에 불러일으키는 기술입니다. 딥페이크는 인공 지능 기술을 이용해 사람의 얼굴이나 목소리를 사실적으로 조작하는 기술입니다. 이 기술은 영화 제작, 게임, 개인 콘텐츠 제작 등 여러 분야에서 활용될 수 있습니다.

　하지만 딥페이크의 부정적인 측면은 심각합니다. 특히 유명 인사의 얼굴이나 말을 조작하거나 정치인의 발언을 왜곡해 유포할 경우 사회적으로 큰 혼란을 초래할 수 있습니다. 이렇게 조작된 콘텐츠는 허위 정보의 확산을 가속화하고 공공의 신뢰를 해칠 수 있습니다. 개인의 사생활 침해 문제도 심각합니다. 누군가의 얼굴을 무단으로 사용해 부적절한 콘텐츠를 제작할 수 있으며 이는 피해자에게 정신적 고통을 줄 수 있습니다. 이러한 상황은 개인의 권리를 침해할 뿐만 아니라 사회 전반에 걸쳐 불신을 초래할 수 있습니다.

　딥페이크는 기술의 발전이 가져온 놀라운 결과이지만 그 사용에 있어 책임 있는 태도가 필요합니다. 재미나 호기심을 충족시키기 위한 도구로 남용된다면 사회 문제를 일으킬 수 있기 때문입니다. 딥페이크 기술의 긍정적인 활용 방법을 모색하는 동시에 부정적인 영향을 인식하고 경각심을 갖는 것이 중요합니다.

답

1문단: **블록체인 거래의 안정성**　　2문단: **블록체인의 작동 방식**

3문단: **혁신적 변화의 원동력이 되는 블록체인**　　4문단: **다양한 분야에 응용되는 블록체인**

7 인공 지능의 발전은 인간의 창의성에 어떤 영향을 미칠까?

'에드몽 드 벨라미의 초상화Portrait of Edmond de Belamy'는 인공 지능이 창조한 작품으로, 그 자체로 논란을 일으켰다. 이 그림은 얼굴 형체가 뚜렷하지 않아서 미완성의 그림처럼 보인다. 논란의 본질은 작품의 수준이나 완성도가 아니라 작가였다. 이 작품은 2014년 이안 굿펠로우가 개발한 GANGenerative Adversarial Network, 생성적 적대 신경망 알고리즘을 이용해 창조한 이미지로, 처음에는 약 7,000~10,000달러로 낙찰될 것으로 예상했으나 실제로는 예상 가격을 훌쩍 넘긴 43만 2,500달러(한화 약 4억 9,300만 원)에 판매되었다. 이는 인공 지능이 예술에 미치는 충격적인 변화를 상징한다고 볼 수 있다.

인공 지능이 급속도로 발전하면서 생활뿐 아니라 다양한 분야에서 큰 변화가 일어났다. 특히 그동안 인간 고유의 영역이라 생각했던 예술, 디자인, 음악 등 창의적인 영역에서도 인공 지능의 활용이 증가하고 있다. 인공 지능은 예술가들에게 새로운 아이디어를 발굴하는 데 도움을 주며, 기존 데이터를 분석하여 다양한 창작 옵션을 제시함으로써 보다 창의적인 작업을 가능하게 돕고 있다. 인공 지능이 발전하면서 예술가들이 기존에는 생각하지 못했던 창의적인 활동을 촉진시키고 있다.

그러나 인공 지능의 활용이 항상 긍정적인 것은 아니다. 예술은 단순히 기술력으로 완성되는 것이 아니다. 그 안에는 인간의 감정과 이야기가 담겨 있다. 그러나 인공 지능이 만들어 낸 작품은 인간의 감정이나 경험을 충분히 담지 못할 가능성이 크다. 인공 지능이 인간의 창의성을 흉내 내 예술적 결과를 생성할 수는 있지만 작품 안에 담긴 창작자의 의도나 인간의 깊은 정서를 이해해서 표현하기는 어렵다. 또 인공 지능을 계속 사용하게 되면 인간이 스스로 새로운 아이디어를 생각해 내지 못하고 인공 지능이 만든 결과에 의존할 위험이 있다. 이는 창의성의 근본인 인간의 상상력을 위축시켜 오히려 창의성 신장에 부정적인 영향을 미칠 수 있다.

인공 지능은 인간의 창의성을 보조하고 확장할 수 있는 좋은 도구이지만 이를 활용하는 데 있어서 신중한 접근이 필요하다. 또 인간의 고유한 창의성은 결코 어떤 것으로도 대체될 수 없다는 점을 잊지 말아야 한다. 우리 사회가 긍정적으로 발전하기 위해서는 기술 발전과 창의성이 조화를 이루어야 한다. 이런 점에서 인공 지능은 인간의 창의성을 보완하고 인간이 가진 가능성을 증진할 수 있는 도구가 되어야 할 것이다. 앞으로 다양한 분야에서 창의성을 발휘할 때 인공 지능을 어떻게 활용할 것인지에 대한 깊은 고민과 성찰이 필요한 시점이다.

- 문단별로 핵심어를 찾아 동그라미 표시해 보세요.

- 각 문단의 중심 내용을 정리해 보세요.

  1문단:

  2문단:

  3문단:

  4문단:

- 인공 지능 발전 속도가 놀라울 정도로 빠릅니다. 인공 지능에 대해 찬성 또는 반대한다면 그 이유는 무엇인가요?

- 인공 지능과 달리 인간은 창의성을 가지고 있다고 합니다. 창의성을 키울 수 있는 다른 방법은 없을까요?

- 인공 지능이 발달할수록 창의성 또한 인공 지능이 더 뛰어난 것처럼 느껴질 때가 많습니다. 인공 지능과 창의성에 대한 나의 생각을 정리해서 적어 봅시다.

인공 지능은 예술의 창작 방식과 표현에 큰 변화를 가져 왔습니다. 이제 인공 지능은 예술 창작의 경계를 확장하며 새로운 방법을 제시하고 있습니다. 과거에는 예술가의 창의성에만 의존했던 작품들이 이제는 인공 지능 알고리즘을 활용해 더욱 다양하고 정교한 결과물을 생성하고 있습니다. 많은 생성 모델이 기존 데이터를 학습해 그림, 조각, 음악 등의 예술 작품을 창작하기에 이르렀습니다. 예를 들어 '고흐 스타일의 동물원'이라는 간단한 문장을 입력하면 기존의 데이터를 활용해 고흐 특유의 화풍을 재현한 이미지를 생성합니다. 이는 예술가들에게 예술적 영감을 줄 뿐 아니라 작품 제작을 위한 구상 시간을 줄여 주는 강력한 도구가 될 수 있습니다.

인공 지능의 발전은 예술가뿐 아니라 일반인에게도 예술에 대한 접근성을 높였습니다. 비전문가도 인공 지능 도구를 사용해 쉽게 그림을 그리거나 음악을 작곡할 수 있게 되었으며 누구나 비슷한 창작 활동을 시도할 수 있는 환경을 조성했습니다. 예술의 문턱이 낮아지면서 예술의 개념이 재정의되고 있습니다. 기존의 예술은 인간의 독창성과 감정을 중시했지만 이제는 예술이란 무엇인가에 대한 근본적인 질문이 필요해졌습니다.

인공 지능이 예술에 가져온 긍정적인 변화에도 불구하고 한계도 존재합니다. 인간의 감정, 경험, 사고가 담긴 것이 예술인데 인공 지능이 데이터 학습과 알고리즘을 기반으로 만든 것도 창의성이 담긴 것인가에 대한 의문이 제기됩니다. 인공 지능 예술의 저작권 문제와 예술가들의 정체성에 관련해서도 논란이 됩니다. 이러한 여러 문제에 대해 고민해 보면 좋겠습니다.

 답

1문단: **인공 지능이 창조한 예술 작품**　　2문단: **인공 지능으로 인한 다양한 분야의 변화**
3문단: **인공 지능의 한계점**　　4문단: **인공 지능과 인간의 협력 필요**

8 우주 탐사의 미래를 어떻게 그릴 수 있을까?

우주 탐사는 인류의 오랜 꿈이자 도전 과제이다. 우리가 우주를 탐사하는 이유는 단순히 새로운 세계를 발견하기 위함만은 아니다. 우주 탐사를 통해 인류의 생존 가능성을 넓히고 우주의 비밀을 이해하려는 것이다. 우주는 무한한 가능성이 열려 있는 곳이며 그곳에서 더 나은 미래를 찾을 수 있다.

초기의 우주 탐사는 1950~1960년대 미국과 러시아의 치열한 우주 경쟁으로 시작되었다. 냉전 시대 속에서 두 강대국이 우주에서의 우위를 차지하기 위해 치열하게 경쟁했다. 그 결과 1961년, 러시아가 최초로 우주에 사람을 보내는 데 성공했다. 이에 이어 미국은 1969년 아폴로 11호를 통해 유인 우주선을 달에 착륙시키며 인류 역사에 길이 남을 업적을 달성했다. 이후 약 20년이 지나면서 우주 탐사 기술은 비약적으로 발전했다. 초기의 우주 비행체는 대부분 일회용으로 설계되어 매번 새로운 로켓을 제작해야 했다. 그러나 기술 혁신과 연구 개발을 통해 이제는 재사용이 가능하게 되어 우주 탐사 비용을 대폭 줄였다. 우주 경쟁은 이제 국가 간의 경쟁에서 벗어나 국제 우주 정거장ISS과 같은 우주 협력 프로젝트로 바뀌었다. 이러한 협력은 우주 탐사뿐 아니라 지구의 평화와 협력을 증진하는 데도 중요한 역할을 하고 있다.

우주 탐사는 여전히 비용이 많이 들고 실행하기 어려운 기술 분야이다. 미국의 사업가인 일론 머스크는 스페이스X라는 회사를 설립하고 로켓 재사용 기술을 개발해 우주 탐사 비용을 크게 절감했다. 그는 화성에 인간을 보내는 것을 목표로, 이를 통해 다른 행성에서 인류의 삶을 열고자 한다. 아마존 창업자 제프 베조스는 블루오리진이라는 회사를 통해 '오비탈 리프'를 꿈꾸고 있다. 오비탈 리프는 물류, 숙박, 관광, 회의, 연구 개발 등이 가능한 우주 내 복합 비즈니스 공간이다. 이러한 민간 기업들이 우주 탐사에 참여하면 새로운 기술과 아이디어로 우주 탐사를 발전시킬 수 있다. 하지만 전 세계 기업들이 몰리면 우주가 극도로 상업화될 수 있다. 우주 탐사가 돈 있는 사람들의 전유물이 될 수도 있다는 것이다. 우주 탐사는 한 나라의 힘으로만 이루어질 수 없기 때문에 각국이 협력해 지식을 공유하고 기술을 발전시켜야 한다.

우리가 함께 노력하면 우주 탐사는 더 이상 먼 꿈이 아니라 현실이 될 수 있다. 여러 국가와 민간 기업이 손잡고 협력하면 많은 기술적 발전과 자원을 공유할 수 있다. 우주 탐사는 인류의 미래를 밝히는 중요한 길이 될 것이다. 나아가 우주 탐사를 통해 지구 환경 문제를 해결하고 새로운 자원을 확보하며 더 나은 생활 환경을 마련하는 데도 기여할 수 있다. 우주 탐사는 인류가 협력해 공존과 번영을 이루어 가는 상징적인 도전이자 인류 공동의 과제가 될 것이다.

- 문단별로 핵심어를 찾아 동그라미 표시해 보세요.

- 각 문단의 중심 내용을 정리해 보세요.

  1문단:

  2문단:

  3문단:

  4문단:

- 우리 인류는 우주 탐사를 할 수 있을까요? 우주 탐사에 대해 찬성 또는 반대한다면 그 이유는 무엇인가요?

- 우주 탐사를 현실화하기 위해서 우리가 할 수 있는 일은 무엇이 있을까요?

- 우주 탐사에 대해서 좀 더 알아보고 미래에 우주 탐사가 어떻게 이루어질지에 대한 나의 생각을 정리해서 적어 봅시다.

우주를 탐사하기 위한 인류의 노력은 첨단 기술 발전에 기여하여 우리의 일상생활을 더욱 편리하게 만들었습니다. 우주에서의 연구와 기술 개발은 우주뿐만 아니라 일상생활에도 큰 영향을 미칩니다.

비접촉식 적외선 체온계는 원래 우주 기술에서 시작되었습니다. 멀리 떨어진 행성의 비밀을 알아내기 위해 적외선 측정 장치를 이용해 행성이 방출하는 열과 빛을 감지하는 기술이 바로 비접촉식 체온계의 원리입니다. 행성의 지형 정보를 처리해 경로를 제시하고 기지와 소통을 관제하는 인공 지능 기술은 자동차, 선박, 항공의 자율 주행 시스템에도 적용되었습니다. 우주에서 수소와 산소를 반응시켜 생성된 물을 안전하게 식수로 활용하기 위해 개발된 정화 기술은 초기 정수기 개발에 큰 영향을 미쳤습니다.

그뿐만이 아닙니다. 우주 비행사가 무중력 상태에서 수행하는 우주 유영은 신체에 상당한 부담을 주며 좁은 조종석에서 받는 물리적 충격도 큽니다. 이를 지원하기 위해 우주복에는 수많은 센서가 장착되어 비행사의 신체 상태를 모니터링하고 수집된 데이터는 기지로 전송되어 체계적으로 건강을 관리합니다. 이러한 기술들은 웨어러블 센서와 원격 의료의 발전으로 이어졌습니다.

우주 탐사는 인류에게 많은 가능성을 열어 줄 것이며 우리의 삶의 질을 높이고 다양한 분야의 발전을 이끄는 데에도 중요한 역할을 할 것입니다. 이러한 첨단 기술들이 우리의 삶을 어떻게 변화시킬지 기대하면서 기술의 변화에 지속적으로 관심을 가져 봅시다.

1문단: **인류의 오랜 꿈이자 도전 과제인 우주 탐사**　　2문단: **초기 우주 경쟁과 기술 발전 역사**
3문단: **민간 기업의 참여와 우주 상업화 우려**　　4문단: **국제 협력으로 우주 탐사 현실화 가능성**

4장
문화

미디어의 영향력과 책임은 어디까지일까?

현대 사회에서 미디어는 우리 삶에 깊숙이 자리 잡았다. 미디어란 정보를 전달하고 소통하는 수단으로, 신문과 방송, 영화뿐 아니라 오늘날에는 유튜브나 개인 SNS까지도 모두 미디어에 해당한다. 우리나라의 스마트폰 보급률은 약 95%에 달하며, 한 사람당 하루 평균 7시간 이상 미디어를 사용하고 있다. 우리가 눈을 뜨고 있는 시간의 절반 가까이 미디어와 함께 보내고 있다는 의미이다. 높은 사용 시간은 미디어가 우리의 삶에 얼마나 큰 영향을 미치는지 보여 준다. 미디어는 정보를 전달하는 중요한 역할을 하며 뉴스, 소셜 미디어, 블로그 등을 통해 실시간으로 세상의 변화를 알고 원하는 정보를 손쉽게 찾을 수 있게 해주었다. 또한 미디어를 통해서 누구나 개인의 의견을 낼 수 있게 되었다.

현대 사회의 사람들은 여러 미디어를 통해 실시간으로 뉴스와 정보를 접한다. 실시간으로 접하는 정보는 세상의 변화에 민감하게 반응하게 한다. 여러 미디어를 통해 의견과 정보를 공유하는 등 즉각적인 상호 작용도 가능하다. 이러한 미디어의 영향으로 사람들은 최근 반복해서 정보를 접하게 되는 기후 변화에 관심을 가지고 지속 가능한 발전에 대해 사회적으로 고민하게 되었다. 이처럼 미디어는 단순한 정보 전달을 넘어 사회적 연대감을 강화해 사회를 변화시키는 강력한 힘이 되고 있다.

물론 미디어의 부정적인 영향도 있다. 그중 하나는 허위 정보와 편향된 보도의 위험성이다. 소셜 미디어와 인터넷의 발달로 누구나 쉽게 정보를 생산하고 공유할 수 있게 되면서 사실이 아닌 정보도 빠르게 퍼지게 되었다. 허위 정보는 사람들의 판단을 흐리게 해서 잘못된 결정을 유도할 가능성이 있다. 잘못된 정보가 사회에 미치는 영향은 생각보다 심각하다. 정치적 이슈에 대한 편향된 보도로 사회 갈등을 악화시키고 특정 집단 간의 불신을 키울 수도 있다. 이러한 과정이 반복되면 미디어가 신뢰를 잃게 되는데, 이러한 현상은 민주 사회의 건강한 토대를 약화시키고 절실하게 신뢰할 수 있는 정보를 필요하게 만든다.

미디어 생산자는 정확하고 신뢰할 수 있는 정보를 제공하고 이를 위해 사실 확인 절차를 철저히 지키고 공정하게 보도해야 한다. 독자들에게 신뢰를 주는 콘텐츠 생산은 필수적이다. 미디어 이용자는 정보 소비자로서 비판적 사고를 통해 미디어에서 제공하는 정보를 분석하고 평가해야 한다. 단순히 정보를 수용하는 것이 아니라 다양한 출처를 비교하고 확인하는 습관을 기르는 것이다. 그래야 허위 정보에 속지 않고 신뢰할 수 있는 정보를 선택할 수 있다.

- 문단별로 핵심어를 찾아 동그라미 표시해 보세요.

- 각 문단의 중심 내용을 정리해 보세요.

   1문단:

   2문단:

   3문단:

   4문단:

- 주로 즐겨 보는 미디어는 무엇인가요? 미디어는 나에게 어떤 영향을 주었나요? 미디어의 영향력에 대해서 긍정 또는 부정적으로 생각한다면 그 이유는 무엇인가요?

- 수많은 미디어 중에서 내가 생각하는 가장 영향력 있는 미디어는 무엇인가요?

- 나와 내 주변의 사람들이 주로 보는 미디어는 무엇인지 생각해보고 그 미디어가 우리에게 어떤 영향을 주는지 미디어의 영향력과 그 책임에 대한 나의 생각을 정리해서 적어 봅시다.

소재의 가치가 서로 다른 화폐가 동일한 명목 가치를 가진 화폐로 통용되면 소재 가치가 높은 화폐Good Money는 유통시장에서 사라지고 소재 가치가 낮은 화폐Bad Money만 유통되는 현상을 그레셤의 법칙Gresham's law이라고 합니다. 토머스 그레셤은 이 현상을 '악화가 양화를 구축한다'라고 표현했습니다. 예를 들어 금으로 만들어진 동전과 구리로 만들어진 동전이 동일한 액면가를 가질 때, 사람들은 금 동전은 모아 두고 구리 동전만 사용하게 되어 금 동전은 시장에서 사라지고 구리 동전만 남습니다.

미디어 환경에서도 그레셤의 법칙이 적용될 수 있습니다. 인터넷의 발달로 누구나 쉽게 정보를 생산하고 배포할 수 있게 되면서 양질의 정보와 왜곡된 정보가 동시에 존재하게 되었습니다. 소비자들이 빠르고 자극적인 정보를 선호하게 되면 자극적인 제목이나 과장된 내용을 담은 나쁜 정보가 더 많이 유통되게 됩니다. 그러면 신뢰할 수 있는 깊이 있는 정보는 주목받지 못하고 점차 사라질 위험이 있습니다. 이러한 현상은 그레셤의 법칙과 유사하게 작용해 시장에서 나쁜 정보가 더 많이 유통되는 결과를 초래할 수 있습니다.

이러한 상황을 방지하기 위해서는 정보의 출처를 확인하고 사실 여부를 검증해야 합니다. 또 편향성을 점검하는 등 정보의 내용을 비판적으로 평가하는 습관이 필요합니다. 이러한 과정을 통해 미디어 환경에서 좋은 정보가 많아지도록 미디어 생산자와 소비자가 함께 노력해야 합니다.

답

1문단: **현대 사회의 중요한 전달 수단 미디어**　　2문단: **사회적 관심을 촉진하는 미디어**

3문단: **미디어의 허위 정보와 편향 보도**　　4문단: **미디어 생산자와 소비자의 역할**

1관
나도 주인공처럼 누군가를
도와주는 특별한 사람이 되고 싶어.
정말 감동적인 영화였어.

영화는 오락 거리를 넘어 현대 사회의 문제점을 날카롭게 지적하는 매체로 자리 잡았다. 특히 국제 영화제에서 수상한 작품들은 그 시대의 긴급한 사회적 이슈를 다루고 있어서 주목할 만하다. 감독과 작가는 자신이 전달하고 싶은 메시지를 스토리와 캐릭터를 통해 효과적으로 표현하고, 강렬한 비주얼을 통해 메시지의 힘을 더욱 강하게 만든다. 또한 음악은 감정을 극대화하는 역할로써 영화 속 메시지를 기억에 남게 만들어 관객들에게 생각할 거리를 제공한다.

영화 속 캐릭터는 관객이 쉽게 공감할 수 있는 인물로 그려져 영화 속 메시지를 더욱 생생하게 전달한다. 관객은 캐릭터와의 감정적 연결을 통해 그들이 겪는 상황을 깊이 이해하고 문제의 본질을 파악할 수 있다. 시각과 음악적 요소도 감정을 전달하는데 중요하다. 강렬한 장면과 감동적인 음악은 관객의 마음을 움직여 메시지를 효과적으로 강화한다. 이러한 요소들은 영화의 스토리에 대한 재미뿐 아니라 전하고자 하는 메시지를 진지하게 만드는 중요한 역할을 한다. 영화 속의 모든 요소는 단순히 이야기의 일부가 아니라 사회적 이슈에 대한 인식을 높이기 위해 감독이 배치한 중요한 매개체이다.

시대의 흐름과 사회적 변화를 영화에 담아내는 것은 영화의 중요한 임무 중 하나이다. 많은 영화가 특성 사회적 이슈를 다루며 이를 통해 사회의 시선을 바꾸거나 사회의 변화에 영향을 미치기 때문이다. 영화는 특히 젊은 세대들이 사회적인 의식이나 가치관을 형성하는 데 큰 영향을 미치며 사회 운동이나 변화의 중요한 동력이 될 수도 있다. 영화는 어떠한 사회적 문제를 다루더라도 명확하고 균형 있는 시각을 제시해야 하며, 근거 없는 선입견을 피해야 한다. 또한 영화의 가치는 개인적인 시각에 따라 상이할 수 있기 때문에 영화가 사회를 변화시키려는 의도가 분명하더라도 모든 관객들이 그에 동의하지는 않을 수 있다.

영화는 사회를 변화시키는 힘을 가지고 있다. 영화는 현실적인 문제를 다루기도 하고 시대적인 변화를 반영하기도 한다. 이러한 영화의 사회적 영향력은 대중들에게 영감을 주고 사회 변화를 이끌어 내는 중요한 역할을 한다. 영화가 사회를 변화시키기 위해서는 책임감 있고 균형 있는 이야기를 전달해야 하며 개인들의 시각에 대한 이해와 존중이 필요하다. 영화를 보는 관객들은 영화 속에서 제기된 다양한 사회적 문제를 이해하고 분석함으로써 문화와 역사를 탐구하는 기회를 가질 수도 있어야 한다. 결국 영화는 단순한 오락을 넘어 사회적 대화의 장을 마련하는 매개체인 셈이다.

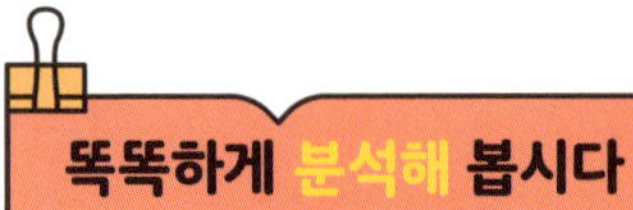

- 문단별로 핵심어를 찾아 동그라미 표시해 보세요.

- 각 문단의 중심 내용을 정리해 보세요.

  1문단:

  2문단:

  3문단:

  4문단:

- 영화가 사회에 큰 영향을 미쳐 사회를 변화시키는 경우를 본 적 있나요? 영화가 관객들의 행동을 변화시킬 수 있다는 말에 대해 찬성 또는 반대한다면 그 이유는 무엇인가요?

- 가장 최근에 본 영화는 무엇이고, 그 영화는 어떤 메시지를 담고 있었나요?

- 영화는 우리 사회의 모습을 담고 있습니다. 영화가 사회적 메시지를 전달하는 것에 대한 나의 생각을 정리해서 적어 봅시다.

146

영화가 사회 변화의 물꼬를 트는 경우가 많습니다. 시민의 의식을 변화시키는 것을 넘어 사회 제도 확립에 이바지하고 있는 것입니다. 실제 일어났던 사건을 배경으로 대중들의 공감을 얻어 관련 법이 만들어지기도 하고 역사 속에 묻혔던 사건의 재수사를 끌어낸 경우도 많습니다. 실제 범죄를 다룬 영화 덕분에 공소 시효를 연장시킨 경우도 있습니다.

사회적인 파장까지는 아니더라도 세상의 관심에서 다소 비켜 있던 이들의 관심을 불러일으키며 부드러운 변화를 이끈 영화도 많습니다. 국내에서는 여러 스포츠 영화가 실화를 바탕으로 연출되어 흥행에 성공했을 뿐 아니라 비인기 종목의 선수들에 대한 대중적인 관심과 응원을 이끌기도 했습니다. 영화의 실제 모델인 몇몇 선수들은 언론에 소개되면서 전국적인 스포츠 스타로 떠오르기도 했습니다. 이렇게 영화의 힘은 사회적 문제 제기와 새로운 제도 정비까지 이어질 수 있다는 점에서 예측할 수 없을 정도로 큽니다.

그러나 이러한 사회적인 문제에만 초점을 맞출 경우 자극적인 영화들이 우후죽순으로 생겨나거나, 영화가 인기를 얻으며 실제 사건과 영화에서 벌어진 극적인 이야기가 다를 수도 있다는 점이 외면받을 수도 있습니다. 또 영화에서 다룬 사건이 또 다른 마녀사냥으로 이어질 수 있다는 우려도 있습니다. 영화를 통해 사회적 변화를 일으키는 것도 좋지만 좀 더 성숙한 사회를 위해 영화에 대한 지적 논쟁도 필요한 시점입니다.

답

1문단: **사회적 메시지를 담는 영화** 2문단: **영화의 메시지를 전달하기 위한 캐릭터와 음악**

3문단: **사회적 변화를 이끌어 내는 영화** 4문단: **사회적 대화의 장이 되는 영화**

147

전통 예술의 보존과 현대화는 어떻게 이루어질까?

　전통 예술은 민속 음악, 전통 무용, 공예 등 특정 지역이나 문화에서 오랜 시간 동안 이어져 온 예술 형태로, 그 지역의 고유한 정체성을 나타내며 사람들의 생활 방식과 감정을 표현하는 중요한 매개체이다. 전통 예술은 문화유산으로서 큰 가치를 지니며 한 민족의 역사와 삶의 방식을 담고 있다. 또한 과거와 현재를 연결하며 다음 세대가 그 문화를 계승할 수 있게 돕는다. 전통 예술을 통해 우리는 조상들의 지혜와 경험을 배우고 문화적 정체성을 느낄 수 있다.

　전통 예술을 보존하기 위해서는 이를 배우고 경험할 수 있는 다양한 기회를 제공해야 한다. 이러한 경험은 전통 예술에 대한 관심과 이해를 높이고 전통 예술을 계승하는 데 도움이 된다. 공연이나 전시를 통해 전통 예술을 대중에게 알리는 것도 중요하다. 대중은 다양한 축제와 문화 행사를 통해 전통 예술의 아름다움과 가치를 직접 느끼고 경험할 수 있다. 이러한 행사는 전통 예술이 현대 사회에서도 여전히 중요한 문화 자산임을 인식하게 하며 대중의 관심을 끌어내는 데 큰 도움이 된다. 문화재 보호법이나 전통 예술을 계승하는 예술가들에게 필요한 자원을 지원하는 등 전통 예술을 지키기 위한 법적, 사회적 보호도 필요하다. 그래야 전통 예술이 지속적으로 발전하고 다음 세대에 안전하게 전수될 수 있다.

　전통 예술을 유지하는 것도 중요하지만 이를 많은 사람이 향유해야 생명력을 가질 수 있다. 전통 예술이 전통적 요소를 유지하면서 현대 감각과 대중의 취향에 맞게 새로운 기술과 스타일을 융합해 변화하는 과정을 현대화라고 한다. 전통 예술이 과거에만 머물러 있는다면 대중들에게 잊힐 수 있지만, 현대화를 통해 대중의 관심을 끌면 더 많은 사람에게 사랑받을 수 있다. 이러한 관심과 사랑은 예술가들이 더욱 창의적으로 작업하는 계기가 된다. 이를 통해 전통 예술은 단순한 과거 유물이 아니라 현재와 미래에 지속적으로 진화하는 예술로 자리매김할 수 있다.

전통 예술의 보존과 현대화는 상충하는 개념처럼 보이지만 조화롭게 이루어질 수 있다. 전통 예술의 원래 의미와 가치를 유지하는 동시에 이를 새로운 방식으로 재해석하고 발전시키는 현대화가 함께 이루어져야 한다. 이때 주의할 점은 현대화한다고 전통적인 요소를 무시하거나 왜곡해서는 안 된다는 것이다. 그렇게 되면 본질이 사라질 위험이 있기 때문이다. 전통의 핵심을 존중하며 새로운 아이디어를 덧붙이는 것이 현대화의 핵심이다. 이러한 균형을 통해 전통 예술은 현대 사회에서도 여전히 중요한 역할을 하며 과거와 현재를 연결할 것이다.

똑똑하게 분석해 봅시다

- 문단별로 핵심어를 찾아 동그라미 표시해 보세요.

- 각 문단의 중심 내용을 정리해 보세요.
  1문단:
  2문단:
  3문단:
  4문단:

자유롭게 생각해 봅시다

- 전통 예술에 대해서 생각해본 적이 있나요? 전통 예술을 이어 나가는 것에 대해 찬성 또는 반대한다면 그 이유는 무엇인가요?

- 전통 예술을 현대화한 작품을 본 적 있나요? 그것은 무엇이었고, 그것을 보았을 때 어떤 생각이 들었나요? 전통 예술을 어떻게 현대화했는지 생각해 보세요.

분명하게 표현해 봅시다

- 전통 예술을 그대로 보존하는 것이 옳을까요, 현대에 맞추어서 변화하는 것이 옳을까요? 각각의 장단점이 있습니다. 전통 예술의 보존과 현대화에 대한 나의 생각을 정리해서 적어 봅시다.

언어는 시간이 흐르며 끊임없이 변화하는 살아 있는 문화의 일부입니다. '미르', '즈믄', '온', '수라', '가람', '슈룹' 등의 단어들은 과거에는 사용했지만 현재는 거의 사용하지 않습니다. 반면 '댓글', '인공 지능', '누리꾼'과 같은 단어들은 인터넷의 발달로 새롭게 생겼습니다. 의미가 변한 단어들도 많습니다. 지금은 '어리다'고 하면 '나이가 적다'라는 의미로 사용되지만 예전에는 '어리석다'는 의미로 사용되었습니다. '어여쁘다'도 마찬가지입니다. '어여쁘다'는 지금은 '예쁘다'는 의미로 사용하지만 예전에는 '불쌍하다'는 의미로, 지금과는 전혀 다른 뜻으로 사용되었습니다. 이처럼 시간의 흐름에 따라 언어는 사라지거나 새로 생기고 소리나 의미가 변하기도 합니다. 이것을 언어의 역사성이라고 합니다. 그 언어를 사용하는 사람들의 생활과 사회적 변화에 따라 자연스럽게 이루어집니다.

언어의 변화와 마찬가지로 전통문화도 그 자리에 정체되어 있을 수 없습니다. 빠르게 변화하는 현대 사회에서 그대로 있으면 뒤처지거나 외면받을 수밖에 없습니다. 전통문화도 시대의 변화에 맞추어 끊임없이 변화하고 발전해야 합니다. 전통문화가 제대로 현대화되면 다양하게 변형되거나 창작되어 인기를 얻습니다. 전통문화의 현대화는 문화의 지속 가능성을 높이고 다양한 세대가 함께 소통하며 문화의 가치를 이어 가는 데 중요한 역할을 합니다. 이러한 과정을 통해 더욱 풍부하고 다양한 문화적 경험을 누릴 수 있을 것입니다. 우리는 결국 다양한 문화적 요소를 접하고 서로의 차이를 이해하며 풍요로운 사회를 만들 수 있습니다.

 답

1문단: 문화 정체성을 표현하는 전통 예술　　2문단: 전통 예술을 보존하기 위한 방법

3문단: 전통 예술의 생명력을 유지하기 위한 현대화　　4문단: 전통 예술의 보존화와 현대화의 조화

공공 미술의 중요성과 역할은 무엇일까?

공공장소에 설치되거나 전시되는 예술 작품을 공공 미술이라고 한다. 이 예술 작품은 사람들의 일상생활 속에서 예술을 쉽게 접할 수 있도록 만들어졌으며 다양한 장소에 설치된다. 공공 미술의 종류는 매우 다양하다. 주로 조각, 벽화, 설치 미술 등이 있는데 조각은 금속, 돌, 나무와 같은 다양한 재료로 제작되어 특정 장소에 영구적으로 설치된다. 벽화는 건물의 외벽이나 공공장소의 벽에 그려진 그림으로 대중에게 시각적인 즐거움을 선사한다. 설치 미술은 특정 장소의 특성을 살려 작품을 구성하는 방식으로 관객이 작품과 상호 작용할 수 있도록 설계된다. 이러한 다양한 형태의 공공 미술은 도시 공간을 더욱 풍부하고 흥미롭게 구성한다.

공공 미술의 가장 큰 특징은 모든 사람이 자유롭게 감상할 수 있다는 점이다. 누구나 함께 할 수 있는 곳에 있어 일상생활 중에도 쉽게 예술을 접할 수 있도록 해 예술의 접근성을 높인다. 공공 미술은 도시 환경을 아름답게 만들기도 한다. 고층 건물과 도로 등으로 가득한 차가운 도시에 공공 미술로 따뜻함과 시각적 즐거움을 더해주기도 하고 공공 미술을 통해 일상의 스트레스를 해소하고 행복한 기분을 느끼게 해서 지친 사람들에게 휴식과 환기를 선사하기도 한다. 이러한 공공 미술의 아름다움은 도시의 정체성과 개성을 표현하는 중요한 수단이 된다.

공공 미술에 지역 주민들이 참여하면 그 지역의 역사와 문화를 반

영할 수 있다. 반드시 참여형 작품으로 공공 미술을 운영하지 않아도 그 지역의 특색을 살리고 예술적 가치를 높여 다른 공간과 차별화된 그 공간만으로서 가치를 가진 지역의 랜드마크가 될 수도 있다. 이러한 지역의 이야기가 담긴 공공 미술은 그 지역만의 독특함을 부여하고 관광객을 유치하여 도시 경제 회복에도 도움을 준다. 공공 미술은 공간과 해당 지역 사회에 사람들의 관심을 높이고 지역에 대한 매력을 불러일으켜 그 지역의 경제적 가치를 창출한다.

많은 도시에서 공공 미술 프로젝트가 활발히 진행되고 있다. 공공 미술 프로젝트는 도시 환경을 아름답게 하고 지역 사회 정체성 강화에 크게 기여하고 있지만 여전히 부족하다. 더 많은 작품과 더욱 다양한 형태와 주제의 공공 미술이 설치되어야 우리 삶을 더 풍요롭고 의미 있게 만들 수 있다. 예술은 특정한 공간에 국한되지 않고 우리 모두의 일상에 스며들어야 한다. 그런 의미에서 공공 미술은 역할을 충실히 할 수 있다. 우리 주변의 공공 미술을 찾아보고 그것이 무엇을 의미하는지 생각해 봐야 한다. 이를 통해 예술이 우리 일상에서 어떻게 자리 잡을 수 있을지 고민해야 한다.

똑똑하게 분석해 봅시다

- 문단별로 핵심어를 찾아 동그라미 표시해 보세요.

- 각 문단의 중심 내용을 정리해 보세요.

  1문단:

  2문단:

  3문단:

  4문단:

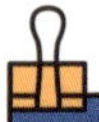

자유롭게 생각해 봅시다

- 도시에 설치되어 있는 다양한 공공 미술을 보면 어떤 느낌이 드나요? 공공 미술의 긍정적 기능이 무엇이 있다고 생각하나요?

- 공공 미술을 설치하는 것 외에 우리가 살고 있는 공간을 아름답게 만들 수 있는 다른 방법은 없을까요?

분명하게 표현해 봅시다

- 버려졌던 공간이 공공 미술 프로젝트로 다시 살아나는 경우가 많습니다. 공공 미술의 중요성과 공공 미술의 역할에 대한 나의 생각을 정리해서 적어 봅시다.

156

공공 미술은 사회와 문화, 지역 공동체와 깊은 관계를 형성하는 중요한 역할을 합니다. 리처드 세라의 '기울어진 호'는 뉴욕 맨해튼 연방 광장 중앙을 가로지르는 거대한 철 덩어리 벽의 형태를 한 설치 작품입니다. 세라는 사람들의 동선을 바꾸고 시야를 차단해 작품에 끌어들이려 했습니다. 그러나 '기울어진 호'가 설치되자 시민들은 이 작품이 공간을 차지하고 통행에 불편을 주며 미적 감각을 해친다고 주장했습니다. 결국 '기울어진 호'는 철거되었고 공공 미술의 의미와 방향에 대해 논의하는 계기가 되었습니다.

미국 워싱턴의 국립 공원 내셔널의 끝에 위치한 마야 린의 '베트남 참전용사 기념비'는 150m 길이의 흑색 화강암 벽이 V자 형태로 넓게 벌어져 있습니다. 이는 단순히 전쟁의 희생자를 추념하는 것이 아니라 관람객에게 베트남전을 반추하고 사색할 수 있는 공간을 제공했습니다. 기념비의 디자인은 감정적으로 깊은 울림을 주며 관람객들은 기념비에 비친 자신의 모습을 보며 자신의 경험과 감정을 투영할 수 있습니다. 이는 공공 미술이 어떻게 사회적 치유와 과정을 지원할 수 있는지를 잘 보여줍니다.

공공 미술은 사회와 문화, 지역 공동체와의 관계를 통해 의의를 가집니다. 그렇기 때문에 지역 사회와의 상호 작용을 통해 의미가 확장되어야 합니다. 예술가는 창작물을 통해 자신을 표현하면서도 지역 주민들의 의견과 필요를 반영해야 합니다. 앞선 두 사례는 공공 미술이 단순히 예술적 표현에 그치지 않고 사회 전반에 긍정적 영향을 미칠 수 있는 중요한 요소임을 시사한다고 볼 수 있습니다.

 답

1문단: **공공 미술의 정의와 종류**　　2문단: **공공 미술의 긍정적인 영향**

3문단: **공공 미술에 담긴 지역 역사와 정체성**　　4문단: **풍요로운 삶과 공공 미술의 관계**

콘텐츠 제작에 따른 저작권 문제는 어떻게 해결할 수 있을까?

음악, 미술, 웹툰, 영상 등 우리의 일상은 수많은 콘텐츠로 가득하다. 스마트폰이나 태블릿과 같은 이동이 간편한 디지털 기기와 과학 기술의 발전으로 더욱 쉽게 콘텐츠를 즐길 수 있게 되었다. 콘텐츠 산업의 가치가 증가하고 디지털 기술을 활용한 콘텐츠 제작이 용이해짐에 따라 1인 크리에이터의 콘텐츠 창작도 급격히 증가하고 있다. 여기에 N잡 열풍에 힘입어 유튜브를 비롯한 여러 플랫폼에서 콘텐츠를 제작해 수익을 창출하려는 관심이 어느 때보다 높다. 완성도 높은 콘텐츠를 제작하기 위해서는 음원, 이미지, 폰트 등 다양한 소스가 있어야 한다. 이런 여러 요소가 어우러져야 좋은 콘텐츠를 만들 수 있기 때문이다.

그러나 콘텐츠를 제작하기 위해 음원이나 이미지 등의 소스를 마음대로 사용할 수는 없다. 콘텐츠를 제작할 때 반드시 주의해야 할 것이 저작권이다. 저작권은 창작물을 최초로 만든 사람의 노력과 가치를 인정하는 것으로 그것을 만든 사람, 즉 그 창작자의 권리이다. 등록 여부와 상관없이 창작하는 순간 저작권이 자동으로 발생하므로 모든 창작자는 저작권의 보호를 받는다. 그러니 다른 사람이 창작한 것을 허락도 받지 않고 사용한다면 이는 저작권을 위배하는 행위이다. 저작권은 크게 저작자 인격권과 저작 재산권으로 나눠지는데, 저작자 인격권은 저작물을 대중에게 공개할 것인지를 결정할 권리(공표권), 저작물에 이름을 표기할 권리(성명 표시권), 저작물의 내용이나 형식의 동일성을 유지할 권리(동일성 유지권)를 포함한다. 저작재산권은 저작물을 재산처럼 사용할 수 있는 권리로 복제권, 전시권, 배포권 등이 속한다.

최근 콘텐츠 시장이 급격하게 성장하면서 저작권에 관한 명확한 가이드라인이 부족해, 저작권 침해 사례가 급증하고 있다. 저작권 침해의 대표적인 예로 무단 복제와 표절이 있다. 무단 복제는 다른 사람의 창작물을 허락 없이 복사하거나 배포하는 행위를 말하며, 표절은 다른 사람의 아이디어나 작품을 자신의 것인 것처럼 인용 없이 그대로 사용하는 것이다. 저작권 침해는 창작자에게 경제적 손실을 일으키고 창작자들의 창의력을 저해한다.

저작권 문제를 해결하기 위해서는 콘텐츠는 가능한 한 자신이 직접 제작한 자료를 사용해야 하며, 다른 사람의 콘텐츠를 활용하려고 한다면 반드시 저작권자의 허락을 받아야 한다. 출처를 명확히 표시하는 것도 중요하다. 콘텐츠 제작자와 사용자 모두가 저작권에 대한 이해를 높이고 저작권을 존중하는 문화를 조성할 필요가 있다. 이러한 문화가 뒷받침될 때 건강하고 다양한 콘텐츠가 지속적으로 생산될 수 있고 창작자들도 자신의 역량을 마음껏 펼칠 수 있다.

똑똑하게 분석해 봅시다

● 문단별로 핵심어를 찾아 동그라미 표시해 보세요.

● 각 문단의 중심 내용을 정리해 보세요.

1문단:

2문단:

3문단:

4문단:

자유롭게 생각해 봅시다

● 저작권을 보호하는 것이 왜 중요할까요? 저작권에 대해 찬성 또는 반대한다면 그 이유는 무엇인가요?

● 다양한 SNS 매체가 발달하면서 자신의 의도와 상관없이 저작권을 침해하는 경우가 많이 있습니다. 혹시 저작권 침해와 관련된 경험이 있거나 그런 것을 목격한 경험이 있나요?

분명하게 표현해 봅시다

● 내가 만약에 콘텐츠를 제작한다면 저작권 문제에 대해 어떻게 할 것인지 생각해보고 콘텐츠 제작과 저작권 문제에 대한 나의 생각을 정리해서 적어 봅시다.

유튜브를 검색하면 영화 리뷰 콘텐츠가 많습니다. 영화 리뷰를 만들 때 영화의 하이라이트 장면과 결말 부분을 그대로 쓰면 저작권에 위배되지 않을까요? 결론적으로 영화의 일부 장면을 그대로 복제하거나 전송하는 것은 저작권 침해에 해당할 수 있습니다. 법원에서는 콘텐츠에서 영화의 사용 비중을 따져 저작권 침해 여부를 판단합니다. 특히 영화 리뷰 콘텐츠는 저작권자의 허가 없이 영화의 장면을 복제하거나 변형하는 경우가 많아 저작권 침해로 간주될 수 있습니다.

그러나 모든 영화 리뷰 콘텐츠가 저작권을 침해하는 것은 아닙니다. 저작권법에는 공정 이용과 인용에 대한 조례 따라 공표된 저작물의 인용을 허용하며 저작물의 공정한 이용을 규정하고 있습니다. 영화 리뷰 콘텐츠가 이러한 조항에 해당하면 저작권 침해에서 면책될 수 있습니다. 즉 리뷰를 위한 정당한 범위 내에서의 인용은 가능하다는 것입니다.

하지만 이러한 인용이나 공정 이용을 적용받기 위해서는 출처를 명확히 밝혀야 합니다. 또 영화의 의도나 저작권자의 명예를 훼손하는 방식으로 편집하면 저작권 침해 문제에 직면할 수 있습니다. 광고 수익이 있다면 영리적인 목적이 포함되어 저작권 침해에 대해 더 예민해집니다.

이러한 문제를 해결하기 위해 영화 저작권을 가진 제작사나 배급사에 연락해 콘텐츠 제작에 대한 허락을 받고, 원저작물을 그대로 활용하기보다는 자신의 생각과 해석을 담아 새로운 방식으로 재창작하는 것이 좋습니다.

1문단: **다양한 콘텐츠 소비의 증가**　　　2문단: **창작자의 권리를 보호하기 위한 저작권**

3문단: **저작권 침해 사례와 그 영향**　　　4문단: **콘텐츠 제작 시 저작권 준수 문화 조성**

6

디지털 아트의 발전과
그에 따른 쟁점은 무엇일까?

디지털 아트는 컴퓨터 기술의 발전과 함께 등장한 예술 형식으로 전통적인 회화나 조각과 달리 픽셀, 비트맵, 벡터 그래픽 등을 활용하여 창작된다. 예술 발전은 예술가들이 새로운 도구를 사용하는 과정이라고 볼 수 있으며, 시대마다 새로운 도구와 기술이 예술 세계를 풍부하게 했다. 특히 인터넷의 발달로 디지털 아트가 공유되고 활성화되면서 예술가들은 자신의 작품을 온라인 플랫폼에 게시하고 전 세계 관객들과 소통하게 되었다. 이러한 소통은 예술가들에게 새로운 영감을 주고 작품의 방향성 결정에 큰 역할을 하기도 한다.

디지털 아트는 다양한 형태로 발전하고 있으며 독특한 특성과 매력을 지니고 있다. 디지털 아트에서 가장 보편적인 형태는 일러스트이다. 디지털 일러스트는 그래픽 소프트웨어를 사용해 그리는 방법인데, 연필이나 물감 대신 태블릿과 스타일러스를 통해 정교하게 그려진다. 색상과 디테일을 손쉽게 조정할 수 있어 창의력과 상상력을 극대화할 수 있는 것이 큰 장점이다. 이 외에도 영화, 음악, 그림, 애니메이션, 조각 등 다양한 장르로 존재하며 예술가들이 자신만의 스타일과 개성을 표현하는 데 큰 도움을 주는 도구로 자리 잡고 있다. 앞으로 디지털 아트는 더욱 다양한 형태와 스타일로 발전할 것이며 새로운 기술의 노입으로 예술적 표현의 범위가 너욱 넓어질 것이다.

디지털 아트는 스마트폰이나 태블릿, 컴퓨터만 있으면 전문적인 장비 없이도 누구나 창작할 수 있다는 큰 장점이 있다. 무료 또는 저렴한 소프트웨어가 다양하게 제공되어 경제적인 부담 없이 창작할 수 있으며, 이는 예술 분야에 대한 진입 장벽을 낮추었다. 또 온라인 플랫폼을 통해 작품을 공유하고 피드백을 받을 기회도 많아졌다. 이를 통해 기존에는 생각할 수 없었던 많은 아이디어를 구현할 수 있게 되었다. 결과적으로 접근성이 쉬워진 만큼 더 많은 사람이 자신의 아이디어를 표현하고 다양한 스타일과 기법을 실험할 수 있는 장이 열렸다. 이러한 참여는 디지털 아트의 다양성을 더욱 풍부하게 만들어 줄 것이다.

그러나 이러한 장점에도 불구하고 디지털 아트는 여러 쟁점을 동반한다. 가장 큰 문제는 저작권 침해의 위험이다. 디지털 아트는 쉽게 복제되고 배포될 수 있기 때문에 작품이 인터넷에 게시되면 무단으로 복제되어 다른 플랫폼에서 사용될 수 있으며 이는 법적 분쟁으로 이어질 수 있다. 또 다른 작품을 참고하거나 재해석하는 과정에서 디지털 아트가 생성되는 경우도 많아 원작과 모티브 간의 경계가 모호해질 수 있어 갈등을 초래하는 경우도 많다. 게다가 디지털 아트는 복제가 용이해 디지털 아트의 희소성이 낮아 디지털 아트의 예술적 가치가 저평가되는 경향도 있다. 이러한 문제들은 디지털 아트의 발전과 함께 반드시 해결해야 할 중요한 문제이다.

- 문단별로 핵심어를 찾아 동그라미 표시해 보세요.

- 각 문단의 중심 내용을 정리해 보세요.

  1문단:

  2문단:

  3문단:

  4문단:

- 디지털 아트는 다양한 방면으로 발전하고 있습니다. 디지털 아트의 발전에 대해 찬성 또는 반대한다면 그 이유는 무엇인가요?

- 디지털 아트를 접하거나 디지털 아트를 창작한 경험을 떠올려 보세요. 디지털 아트를 만들기 위해 도구나 소프트웨어를 사용했을 때 느꼈던 감정을 써 보세요.

- 디지털 기기가 발달할수록 디지털 아트는 더욱 발전할 것입니다. 디지털 아트의 발전과 그에 따른 쟁점에 대한 나의 생각을 정리해서 적어 봅시다.

NFT는 '대체 불가능 토큰'의 약자로 디지털 자산을 고유하게 식별할 수 있는 방식입니다. 일반적인 암호 화폐인 비트코인이나 이더리움은 서로 대체 가능하지만 NFT는 각각의 토큰이 고유한 정보를 가지고 있기 때문에 대체할 수 없습니다. 한 NFT는 특정 디지털 아트 작품에 연결되어 있으며 이 작품이 가진 고유한 특성이나 소유권 정보는 블록체인에 기록됩니다. 이렇게 기록된 정보는 안전하게 보관되며 누구나 확인할 수 있습니다.

그동안 디지털 아트는 쉽게 복제할 수 있어 소유권 개념이 모호했습니다. 그림을 스캔해서 컴퓨터에 저장하면 누구나 그 이미지를 사용할 수 있지만 사실 그 작품의 원작자는 따로 있습니다. 많은 디지털 아티스트는 자신의 작품이 무단으로 사용되는 것에 대해 걱정했습니다.

NFT의 등장으로 이 문제를 해결할 수 있는 길이 열렸습니다. NFT는 디지털 아트의 소유권을 명확히 합니다. 아티스트는 자신의 작품을 NFT로 만들어 판매함으로써 그것이 자신의 작품임을 명확하게 알리고, 구매자는 그 작품의 '진짜' 소유자가 되는 것입니다. 작가가 자신의 작품을 NFT로 발행하면 그 NFT를 구매한 사람이 소유권을 갖습니다. 이 소유권은 블록체인에 기록되어 누구나 확인할 수 있습니다.

디지털 아트가 단순한 복제가 아닌 고유한 자산으로 인정받게 된 것은 큰 변화입니다. 이러한 변화에 힘입어 앞으로도 NFT의 발전 방향과 디지털 아트의 새로운 형태에 대한 논의가 활발히 이루어질 것으로 보입니다. 디지털 아트와 NFT의 관계를 이해하는 것은 현대 예술의 흐름을 파악하는 데 중요한 요소가 될 것입니다.

1문단: **디지털 아트의 정의와 발전 배경**　　2문단: **디지털 아트의 다양한 형태와 창의적 표현**
3문단: **접근성이 뛰어난 디지털 아트**　　4문단: **디지털 아트의 해결해야 할 문제점**

인플루언서가 청소년에게 미치는 영향력은 어느 정도일까?

그레타 툰베리^{Greta Thunberg}는 유엔 본부에서 열린 기후 행동 정상 회의에서의 연설로 전 세계적으로 유명해졌다. 그레타 툰베리의 기후 행동 촉구는 많은 청소년이 환경 보호 활동에 관심을 가지고 참여하도록 영향을 미쳤다. 그레타 툰베리는 환경 보호 운동 인플루언서라고 할 수 있다. 인플루언서는 '영향'을 의미하는 'Influence'와 '사람'을 뜻하는 접미사 '-er'이 결합된 단어로, '영향력을 주는 사람'이라는 의미이다. 인플루언서는 주로 자신의 SNS를 통해 활동하며, 대중과 직접 소통하는 방식으로 자신의 의견과 경험을 공유한다. 이들은 최신 트렌드와 정보를 전달해 새로운 유행을 만들어 내기도 하고 중요 브랜드 행사나 이벤트에 VIP로 초대받기도 하며 사회적 인지도를 키워나간다. 이러한 인지도를 바탕으로 브랜드와 협업하거나 광고 및 마케팅에 참여하여 소비자들의 신뢰를 구축하기도 한다.

청소년들은 SNS를 활발히 사용하며 인플루언서의 소식이나 콘텐츠를 매일같이 찾아보는 경향이 있다. 특히 인플루언서의 콘텐츠 중에 청소년들이 관심을 가질 만한 내용이 많아 이들의 영향력은 더욱 커지고 있다. 많은 청소년이 인플루언서가 공유한 정보나 팁이 실생활에 유용하거나 동기 부여가 된다고 생각한다. 하지만 인플루언서의 콘텐츠가 항상 긍정적인 것만은 아니다. 인플루언서의 완벽해 보이는 삶과 자신의 삶을 비교하다보면 자존감이 낮아지는 경우도 많다. 또 광고 콘텐츠에 자주 노출되면서 제품 구매에 대한 압박을 느껴 불필요한 소비를 할 수 있다.

인플루언서가 공유하는 정보와 경험은 개인적인 관점에서 나온 것이고 사람마다 다른 성향, 환경을 가지고 있으므로 모든 사람이 동일한 경험을 할 수는 없다. 인플루언서의 추천이 항상 정답이 아닐 수 있음을 인식해, 자신에게 맞는 정보를 선별하고 다양한 출처를 통해 정보를 비교하는 습관을 가져야 한다. 또 인플루언서가 대중과 직접 소통한다는 특성을 활용해 자신의 의견을 표현하고 소비하는 콘텐츠에 대해 자신의 경험을 피드백할 수도 있다. 이러한 소통은 인플루언서가 더 나은 콘텐츠를 제작하는 데 도움을 준다.

인플루언서의 영향력을 올바르게 이해하고 활용하는 것은 청소년 자신의 몫이다. 자신만의 정체성을 확립하고 주체적인 소비자로 성장하기 위해서 비판적 사고와 적극적 소통이 필요하다. 이를 통해 청소년들이 스스로 목소리를 내는 책임감 있는 소비자로 성장할 수 있을 것이다.

- 문단별로 핵심어를 찾아 동그라미 표시해 보세요.

- 각 문단의 중심 내용을 정리해 보세요.

  1문단:

  2문단:

  3문단:

  4문단:

- 인플루언서의 콘텐츠의 영향을 받아 행동을 하거나 물건을 구입한 적이 있나요? 인플루언서의 영향력에 대해 찬성 또는 반대한다면 그 이유는 무엇인가요?

- 만일 내가 유명한 인플루언서라면 청소년들에게 어떤 영향을 주면 좋을까요?

- 청소년들은 생각보다 인플루언서의 영향을 많이 받습니다. 가장 영향을 받았던 인플루언서를 떠올려 보고 인플루언서와 청소년의 관계에 대한 나의 생각을 정리해서 적어 봅시다.

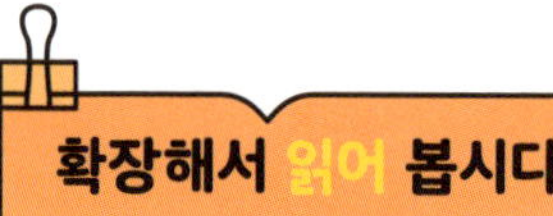

'디토'는 라틴어 'ditto'에서 유래했으며, '마찬가지' 또는 '나도'라는 뜻입니다. 디토 소비는 특정 인물이 사용하거나, 영화, 드라마, 예능 프로그램 등에서 소개된 제품을 따라 사는 행위입니다. 영향력이 있는 유명인들이 자주 사용하는 제품이나 음식 등에 관심이 생기는 경우가 많습니다. 유명인이 사용하는 제품이라는 인식이 생기거나 유행에 뒤처지기 싫은 심리가 발동하면 사람들은 그 제품을 구입합니다. 이러한 행동이 디토 소비입니다. '나도' 다른 사람을 따라 사면 실패할 가능성이 줄고 고민하지 않아도 최선의 선택을 할 수 있어서 훨씬 편리합니다.

하지만 디토 소비가 긍정이지만은 않습니다. 제품의 질과 가격을 면밀히 검증하지 않고 추천만 믿고 무작정 따라 살 가능성이 있습니다. 소비자들의 선택권이 제한될 수도 있습니다. 누군가 추천한 제품이 인기를 끌면 특정 제품이나 브랜드에 관심이 과도하게 몰려 다른 제품이나 브랜드가 소외되어 시장의 다양성을 감소시킬 수 있습니다. 구매하지 않으면 유행에 뒤처지거나 소외되는 느낌에 불필요한 소비를 할 가능성도 큽니다.

디토 소비의 긍정적인 면과 부정적인 면을 모두 고려하여 보다 신중하게 소비하는 태도가 필요합니다. 디토 소비의 편리함을 누리면서 소비자로서 주체성을 잃지 않도록 노력해야 합니다. 그래야 현명하게 소비할 수 있습니다.

답

1문단: 인플루언서의 정의와 활동   2문단: 인플루언서의 긍정적 영향과 부정적 영향
3문단: 인플루언서 정보에 대한 신중한 선택   4문단: 청소년의 책임감 있는 소비 촉구

8 급성장한 웹툰 시장, 어떻게 바라볼 것인가?

웹툰 산업은 스마트 기기의 보급으로 규모가 크게 성장하기 시작했으며 이제 누구나 손쉽게 스마트폰을 통해 다양한 웹툰을 접할 수 있는 시대가 열렸다. 접근의 편리함은 독자층을 확대시켜 다양한 웹툰 플랫폼의 출현으로 이어졌다. 여러 웹툰 플랫폼을 통해 작품을 쉽게 발표할 수 있게 되어 국내 웹툰 시장 규모는 상상할 수 없을 정도로 빠르게 성장 중이다. 이 플랫폼들은 창작 지원 프로그램이나 독자 피드백 시스템을 제공해 질 높은 작품이 생산되도록 돕는다. 한국 웹툰은 독창적인 스토리와 매력적인 캐릭터 덕분에 해외에서도 큰 인기를 끌고 있다.

웹툰이 영화나 드라마로 제작되면 새로운 팬층이 생기고 원작 웹툰의 인기도 다시 높아지는 경향이 있다. 인기 있는 웹툰을 바탕으로 한 애니메이션 영화나 드라마가 방영되면 원작이 궁금한 팬들은 원작을 다시 소비하게 된다. 이 과정에서 새로운 팬층이 확보되기도 한다. 영화나 드라마는 웹툰 원작을 그대로 따르기보다는 캐릭터와 스토리를 재해석하여 보다 다양한 측면을 보여준다. 독자들은 원작과 달리 각색되거나 새로운 시각으로 풀어낸 이야기 요소들을 찾으며 다양한 즐거움을 느낀다. 이러한 현상은 단순히 독서 경험을 넘어 시각 매체로 확상되는 데 기여하며 문화석 소통을 상화하는 중요한 역할을 했다.

그러나 최근 들어 웹툰이 지나치게 많이 쏟아지고 상당수의 작품이 비슷한 이야기 구조와 그림체를 가지고 있어 독자들이 피로감을 느껴 웹툰에 흥미가 떨어지는 경향이 있다. 짧은 영상 형식인 숏폼 콘텐츠가 인기를 얻으면서 다음 이야기까지 일주일을 기다려야 하는 웹툰 소비 시장이 위축되고 있다는 평가도 있다. 웹툰 작가들도 매주 웹툰을 올려야 하는 고된 집필 강도에 시달리고 있으며 불법 웹툰 사이트의 횡행으로 작가의 수익이 감소하는 등 웹툰 산업 시장이 점점 어려워지고 있는 것으로 평가된다. 웹툰 사업은 이제 영화나 드라마까지 연계되어 있어 웹툰 산업이 침체되면 영화, 드라마 업종에까지 부정적인 영향이 이어질 수 있다.

웹툰 시장에 인공 지능과 가상 현실 등의 여러 첨단 기술을 웹툰에 접목해 새롭게 발전할 기회를 마련하는 등 다양한 방법을 강구해야 한다. 첨단 기술은 웹툰을 체험할 수 있는 새로운 형태의 콘텐츠로 이어지게 하여 웹툰에 새로이 관심을 갖는 계기가 될 수 있다. 무엇을 어떻게 만들어야 독자의 마음을 다시 움직일 수 있을지 제작사도 플랫폼도 깊이 고민해야 하는 시기이다. 독자들이 원하는 것이 무엇인지, 어떤 형식의 콘텐츠가 그들의 관심을 끌 수 있을지를 파악하는 등의 노력을 통해 다시 한번 웹툰 시장이 활력을 찾고 독자들에게 새로운 즐거움을 선사할 수 있을 것이다.

똑똑하게 분석해 봅시다

- 문단별로 핵심어를 찾아 동그라미 표시해 보세요.

- 각 문단의 중심 내용을 정리해 보세요.

  1문단:

  2문단:

  3문단:

  4문단:

자유롭게 생각해 봅시다

- 웹툰을 본 적이 있나요? 또는 웹툰이 드라마나 영화화 된 것을 본 적 있나요? 웹툰의 장점 또는 단점은 무엇이라고 생각하나요?

- 내가 가장 좋아하는 웹툰은 어떤 것이 있나요? 그 이유는 무엇인가요?

분명하게 표현해 봅시다

- K-웹툰이라는 말이 있을 정도로 웹툰 시장도 외국에서 인기가 많습니다. 웹툰 시장이 위축되지 않도록 하려면 어떻게 해야 할지 웹툰 시장에 대한 나의 생각을 정리해서 적어 봅시다.

웹툰과 더불어 웹소설은 많은 사람에게 사랑받고 있으며 그 인기는 계속해서 높아지고 있습니다. 웹소설이 인기를 끌기 시작하면서 해당 분야를 지망하는 사람도 많이 늘었습니다. 인기 있는 웹소설의 경우 작품 하나로 엄청난 수익을 얻을 수 있다는 이야기에 부업으로 웹소설을 쓰는 경우가 많아졌습니다.

웹툰과 웹소설이 인기를 얻으면서 이들의 가치가 치솟기 시작했습니다. 인기 있는 웹소설은 웹툰, 드라마, 영화, 게임으로 이어지면서 저작권의 보물 창고가 되었습니다. 웹소설은 그 자체로도 수익을 창출할 뿐 아니라 다양한 매체로의 확장 가능성도 가지고 있습니다. 하지만 이런 성공적인 사례만 과하게 강조되면 작가들에게 무리한 압박을 주거나 비슷한 콘텐츠가 너무 많아질 수 있습니다.

인공 지능의 발전은 웹소설의 창작 환경을 혁신적으로 변화시킬 것입니다. 인공 지능이 독자의 취향을 분석해 개인화된 콘텐츠를 추천하고 작가에게는 창작 아이디어를 제공하는 등 다양한 방식으로 도움을 줄 것입니다. 하지만 이러한 기술에만 의존하게 되면 작가들의 창의성이나 개성이 사라질 위험이 있습니다. 이러한 문제들은 웹소설 시장의 건강한 발전을 저해할 수 있으므로 경각심을 갖고 신중하게 접근해야 합니다.

웹소설은 읽을거리를 넘어 작가와 독자 모두에게 다양한 기회를 제공하는 매력적인 분야입니다. 하지만 과도한 경쟁과 유사한 콘텐츠의 범람, 기술 의존성 등의 위험성을 인식하고 자신만의 이야기를 웹소설로 만들어 가는 과정을 더욱 흥미롭고 보람 있는 경험이 되도록 노력해야 할 필요가 있습니다.

답

1문단: **웹툰 산업의 성장과 플랫폼의 다양화**   2문단: **웹툰의 영화화로 인한 문화적 확장**

3문단: **웹툰 시장의 위축**   4문단: **첨단 기술 접목으로 웹툰 시장 활성화**

5장
경제

1 소비자 권리 보호는 왜 중요한가?

새로 산 전자 제품이 하루 만에 고장났는데 판매자가 '원래 그런 제품'이라며 교환을 거부하거나, 온라인에서 주문한 제품이 화면과 다르다면 어떻게 해야 할까? 소비자에게는 소비자로서 당연히 보장받아야 할 소비자 권리가 있다. 이는 소비자가 안전하고 만족스러운 거래를 할 수 있도록 보장하는 제도로, 소비자에게 부여되는 여러 가지 기본적인 권리이다. 특히 최근 전자 상거래의 급성장으로 소비자 보호의 중요성이 더욱 부각되고 있다. 비대면 거래에서 소비자는 직접 제품을 확인할 수 없기 때문에 제품에 대한 충분한 정보를 제공하고 소비자의 권리를 보호하는 장치가 필수적이게 되었다.

소비자 보호법은 소비자의 권리를 구체적으로 명시한다. 소비자는 다양한 제품과 서비스를 자유롭게 비교하고 선택할 권리가 있다. 이 과정에서 구매하는 제품이나 서비스에 대해 충분한 정보를 제공받을 권리가 있으며 기업은 정확하고 투명한 정보를 제공해야 한다. 제품이 안전 기준을 충족하지 못하여 위험하다면 즉시 해당 제품에 대한 환불, 교환 또는 수리를 요구할 수 있다. 자신이 사용한 제품이나 서비스에 대해 기업에 적절한 피드백을 제공해 이를 개선할 수 있다. 만일 제품이나 서비스 이용 과정에서 피해가 발생했다면 보상을 받을 수도 있다. 그리고 소비자는 이러한 자신의 권리를 충분히 인식하고 필요할 경우 이를 행사할 수 있어야 한다.

소비자는 자신의 권리가 침해되면 효과적으로 대응해야 한다. 우선 영수증, 계약서, 제품 사진 등 관련된 증거를 확보하고 소비자 보호 센터에 신고한다. 소비자 보호 센터는 소비자의 권리를 보호하고 불만을 처리하는 기관으로, 문제 해결의 중재 역할을 하며 필요하면 법적 조치를 안내한다. 소비자 보호 센터에 수집한 증거, 문제의 구체적인 내용, 원하는 해결 방안을 명확히 전달한다. 그래도 해결되지 않으면 공정거래위원회 신고도 고려할 수 있다. 공정거래위원회는 불공정 거래 행위를 감시하고 소비자의 권리를 보호하며 소비자의 권리를 심각하게 침해하면 법적 조치도 취하는 기관이다.

소비자 보호법은 소비자와 기업 모두에게 주요한 사회적 안전망이다. 소비자 보호법을 준수하는 것은 장기적으로 기업에 긍정적인 효과가 있다. 소비자는 신뢰할 수 있는 기업에 만족을 느끼고 재구매를 하거나 마케팅 효과를 창출하고 소비자 불만이나 분쟁이 발생해도 기업에 대한 긍정적인 인식을 유지할 가능성이 크다. 소비자 보호법으로 상생하기 위해서는 기업과 소비자 모두의 노력이 필요하다. 소비자는 자신의 권리를 인식하고 책임 있는 소비를 해야 하며, 기업은 소비자를 보호하고 그들의 권리를 존중해야 한다. 이러한 노력이 함께할 때 보다 공정하고 지속 가능한 경제 환경을 만들 수 있다.

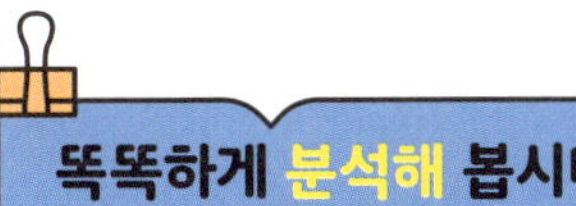

똑똑하게 분석해 봅시다

● 문단별로 핵심어를 찾아 동그라미 표시해 보세요.

● 각 문단의 중심 내용을 정리해 보세요.

1문단:

2문단:

3문단:

4문단:

자유롭게 생각해 봅시다

● 소비자 보호법은 필요한 제도일까요, 그렇지 않을까요? 소비자 보호법에 대해 찬성 또는 반대한다면 그 이유는 무엇인가요?

● 소비자 보호법 외에 소비자의 권리를 보호할 수 있는 다른 방법은 없을까요?

분명하게 표현해 봅시다

● 소비자 보호법은 과연 소비자와 판매자의 권리를 모두 보호해 줄까요? 소비자 권리와 보호에 대한 나의 생각을 정리해서 적어 봅시다.

　소비자 보호법은 기업과 소비자의 힘의 균형을 맞추기 위해 존재합니다. 기업은 때때로 이익을 최우선으로 삼고 소비자의 권익을 소홀히 할 때가 있습니다. 이러한 불공정한 거래에서 소비자를 보호하고 정당한 대우를 받을 수 있도록 돕는 것이 소비자 보호법의 핵심입니다.

　소비자 보호법은 대부분 개인 대 기업 간의 거래에서 적용되지만 모든 계약에 해당하는 것은 아닙니다. 계약 전에 이 법이 적용되는지 확인하는 것이 중요합니다. 소비자는 인종, 성별, 연령 등에 따라 차별받지 않을 권리, 결제 전에 상품을 충분히 확인할 권리, 이해하기 쉬운 언어로 작성된 계약서를 받을 권리, 계약을 체결한 후에도 일정 기간 내 철회할 권리 등을 갖고 있습니다. 특히 충동 구매를 했다 해도 철회 권리를 통해 불필요한 지출을 막을 수 있습니다.

　소비자 보호법이 있어도 제대로 활용하지 못하면 무용지물입니다. 계약서의 모든 조항을 확인하고 모르는 용어가 있으면 반드시 질문해야 합니다. 물건을 구매할 때 환불 및 보증 정책을 확인하는 것도 중요합니다. 이런 모든 내용을 이메일이나 문자, 계약서 등으로 문서화해 두면 소비자 보호법의 도움을 받을 수 있습니다.

　소비자 보호법 시행 이후 소비자 불만의 70% 이상이 성공적으로 해결되었다는 연구 결과가 있습니다. 이렇게 소비자 보호법은 단순한 법 조항이 아니라 일상에서 정당한 대우를 받을 수 있는 도구입니다. 소비자로서 당당한 목소리를 내기 위해서라도 소비자 보호법을 제대로 알고 이를 적용하는 것이 필요합니다.

1문단: **소비자의 권리를 보장하기 위한 장치 필요**　　2문단: **소비자의 권리를 명시한 소비자 보호법**

3문단: **소비자의 권리 침해 시 대응 방법과 절차**　　4문단: **소비자와 기업의 상생을 위한 노력**

글로벌 경제 속에서 한국의 위치는 어떤가?

전 세계 경제에서 한국의 위치는 그 어느 때보다 중요해졌다. 기술 혁신과 경제 성장은 한국이 세계적으로 주목받는 요소로 작용하고 있다. 한국은 국내 총생산GDP 순위에서 전 세계 15위 안에 드는 경제 규모를 자랑한다. 한국 경제는 특히 전자 기기, 자동차, IT 산업, 조선업 등에서 두각을 드러내고 있으며, 이러한 산업들의 뛰어난 기술력과 품질은 세계적으로 높은 평가를 받고 있다. 이는 수출 증가로 이어져 국내 경제에도 긍정적인 영향을 미치고 있다.

특히 수출은 GDP의 대부분을 차지하며 한국 경제의 핵심 동력으로 작용하고 고용 창출과 기술 발전에도 기여하고 있다. 이는 한국 경제가 글로벌 경제와 얼마나 밀접한 관계가 있는지를 보여준다. 미국과 중국은 한국 경제에 중요한 영향을 미치는 파트너국으로, 미국은 한국의 주요 수출국이며 반도체, 자동차, 전자 제품 등을 주로 수출하고 있다. 중국은 한국 제품의 주요 소비 시장 중 하나이자 원자재 공급처로서 중요한 역할을 하고 있다. 이러한 다양한 국가들과의 무역은 한국의 경제 안정성과 성장 가능성을 높이는 데 기여하며 이를 통해 글로벌 시장에서 입지를 강화해 나가고 있다.

한국이 글로벌 경제 속에서 성장하기 위해서는 반도체, AI, 바이오 등 차세대 산업에 지속적으로 투자하며 글로벌 경쟁력을 유지해야 한다. 이러한 분야는 미래 산업의 핵심으로 자리 잡고 있으며 혁신을 선도할 기회를 제공한다. 또한 미국과 중국에 대한 의존도를 줄이고 동남아, 유럽, 중남미 등 다양한 시장을 개척할 필요가 있다. 이를 위해 코딩, 데이터 분석 등 글로벌 시장에서 필요한 역량을 가진 인재를 양성하고 교육 시스템도 변화해야 한다. 더불어 외부 충격을 줄이기 위해 국내 내수內需 시장을 활성화하고 중소기업과 신생 기업을 지속적으로 지원하는 것도 중요하다. 이러한 노력을 바탕으로 한국은 경제의 다각화를 이루어 다양한 산업에서 경쟁력을 강화할 수 있다.

이제 전 세계는 국가 단위의 경제를 넘어 글로벌 경제 속에서 기회를 잡아야 하는 시대가 되었다. 해외에서 커리어를 쌓는 사람들, 외국 기업과 협업하는 사람들, 해외 직구를 하는 사람들까지 모두 글로벌 경제의 중요한 일부인 셈이다. 이러한 변화 속에서 한국 경제는 글로벌 경쟁력을 갖추기 위한 다양한 전략을 모색해야 한다. 어떤 방향으로 나아갈지 그리고 이러한 변화에 대비해 무엇이 필요할지 꾸준히 고민하는 과정을 통해 한국은 더욱 경쟁력 있는 경제 구조를 갖출 수 있을 것이다.

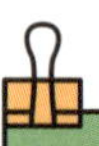

똑똑하게 분석해 봅시다

- 문단별로 핵심어를 찾아 동그라미 표시해 보세요.

- 각 문단의 중심 내용을 정리해 보세요.

    1문단:

    2문단:

    3문단:

    4문단:

자유롭게 생각해 봅시다

- 현재 글로벌 경제에서 한국의 위치가 어느 정도라고 생각하나요? 그렇게 생각하는 이유는 무엇인가요?

- 글로벌 경제에서 한국의 위치를 높일 수 있는 다른 방법은 없을까요?

분명하게 표현해 봅시다

- 글로벌 경제가 어떠한지 살펴보고 글로벌 경제에서 한국의 위치는 어떤지 이를 발전시키려면 어떻게 해야 하는지에 대한 나의 생각을 정리해서 적어 봅시다.

　글로벌 역량이란 다양한 문화와 가치관을 이해하고 존중하면서 다른 국가나 지역의 사람들과 협력하고 소통하는 능력입니다. 언어 능력뿐만 아니라 문화적 차이를 인식하고 적응하며 다양한 상황에서 문제를 해결하고 창의적으로 사고할 수 있는 능력도 포함됩니다.

　우리는 세계화, 디지털화가 빠르게 이루어지는 시대에 살고 있습니다. 인터넷과 스마트폰, SNS 등의 발전으로, 언제 어디서나 다른 나라와 연결되어 있고 함께 일하고 공부하고 살아갑니다. 미래 사회에서는 글로벌 시장에서 경쟁해야 할 것입니다. 이를 대비하기 위해 전문성뿐 아니라 다른 나라의 사람들과 협력하고 소통할 수 있는 글로벌 역량도 필요합니다.

　세계화, 디지털화에 대비하기 위해 다양한 준비가 필요합니다. 우선 외국어를 공부해야 합니다. 외국어를 공부한다는 것은 단순히 언어를 익히는 것이 아니라 해당 언어의 문화와 사상 등을 이해하고 배우는 것입니다. 해외 여행이나 교환 학생, 해외 인턴십 등을 통해 해외 경험을 쌓는 것도 필요합니다. 해외 경험은 글로벌 역량을 키우는 데 가장 좋은 방법 중 하나입니다. 또한 세계의 다양한 정보를 적극적으로 수집하고 분석하며 세계의 다양한 이슈와 트렌드에 대해 관심을 가지고 있어야 글로벌 역량을 강화할 수 있습니다.

　이러한 꾸준한 노력을 통해서 글로벌 역량을 키운다면 세계 무대에서 당당히 자신을 표현하며 더 넓은 미래를 열 수 있을 것입니다.

답

1문단: **한국의 경제 규모와 산업**　　2문단: **수출 중심의 한국 경제와 주요 파트너국**

3문단: **차세대 산업 투자와 시장 다각화 필요**　　4문단: **글로벌 경제에서의 전략과 경쟁력 강화**

주식 시장이 대폭락하면 어떻게 될까?

　주식 가격이 단기간에 급격하게 하락하는 것을 대폭락이라고 한다. 일반적으로 하루 또는 며칠 사이에 주가가 10% 이상 떨어지는 경우를 의미하며, 이러한 대폭락은 투자자들에게 큰 충격을 주고 시장의 안정성을 위협하는 요소로 작용한다. 주식 시장에서 큰 폭락이 일어난 날을 '검은 월요일'이라고 부르는데, 이는 1987년 10월 19일에 발생한 사건에서 유래되었다. 이날 다우 지수가 하루 만에 22.6%나 하락하여 많은 투자자가 큰 손실을 입었다. 이 사건은 미국에서 끝나지 않고 세계 여러 나라의 증시에도 큰 영향을 미쳐 전 세계 금융 시장이 충격을 받았다. 이날이 월요일이었기 때문에 '검은 월요일'이라는 이름이 붙었으며 이후 이 용어는 월요일에 급락하는 주식 시장을 나타내는 일반적인 표현으로 자리 잡게 되었다.

　대폭락이 발생하면 개인 투자자들은 큰 손실을 경험한다. 많은 투자자가 자산이 급격히 줄어드는 모습을 보며 두려움을 느껴 더 많은 주식을 매도하는 악순환이 발생한다. 이러한 상황은 시장을 더욱 불안정하게 만들어 주가 하락을 가속화하는 결과를 초래한다. 대기업 역시 자본 조달에 어려움을 겪고 주가 하락으로 기업 가치가 감소하면서 투자자들의 신뢰를 잃게 된다. 중소기업은 자금 부족으로 운영에 어려움을 겪고 이로 인해 인력을 감축하는 등 부정적인 결과를 초래할 수 있다. 결국 주식 시장의 대폭락은 기업의 성장 가능성을 제한하고 경제 전반에 부정적인 영향을 미치는 원인이 된다.

　주식 시장에서 대폭락이 발생하면 소비자의 신뢰도가 크게 감소한다. 주식 시장은 경제의 중요한 지표 중 하나로 여겨지기 때문에 주식 가격이 급락하면 사람들은 경제가 불안정하다고 느낀다. 그렇게 되면 소비자들은 지출을 줄이고 저축을 늘리고, 기업들도 자금을 조달하기 어려워져 성장을 위한 투자와 신규 채용을 줄인다. 이러한 변화는 실업률 상승으로 이어져 소비자들의 구매력이 더욱 떨어지고 다시 기업의 매출이 감소하는 악순환을 초래한다. 이러한 경제적 위축은 장기적으로 경기 침체를 일으키고 국가 전체의 경제 성장에 부정적인 영향을 미칠 수 있다. 주식 시장의 대폭락은 단순한 주식 시장의 하락을 넘어서 경제 전반에 깊은 영향을 미친다.

　이러한 대폭락에 대비하기 위해서 투자자들은 다양한 자산에 투자해 특정 자산의 하락에 대한 영향을 줄이고 정기적으로 투자 전략을 점검하고 조정해야 한다. 또 주식 시장의 급등락에 일희일비하지 않고 기본적인 투자 원칙을 지키는 것도 중요하다. 대폭락이 발생할 것을 대비해 정부는 경제 안정성을 유지하기 위한 정책을 마련하고 주식 시장의 과도한 변동성을 방지하기 위해 규제를 강화하고 투자자 보호 장치를 마련해야 한다. 이러한 여러 조치를 통해 보다 안정적인 경제 환경을 만늘어 갈 수 있을 것이다.

똑똑하게 **분석해** 봅시다

- 문단별로 핵심어를 찾아 동그라미 표시해 보세요.

- 각 문단의 중심 내용을 정리해 보세요.

    1문단:

    2문단:

    3문단:

    4문단:

자유롭게 **생각해** 봅시다

- 정부가 대폭락에 대응하기 위해서 규제를 강화하는 것에 대해 찬성 또는 반대한다면 그 이유는 무엇인가요?

- 혹시 자신이 경험한 큰 실수나 실패가 있었나요? 그때 기분과 배울 점을 떠올려 보세요. 그때 어떤 마음이 들었고 어떻게 그 일을 극복했나요?

분명하게 **표현해** 봅시다

- 주식 시장에서 대폭락이 다시 일어나지 않기 위해서 주식 시장의 변동성을 줄이려면 개인 투자자들은 어떻게 하는 것이 좋을지에 대한 나의 생각을 정리해서 적어 봅시다.

주식은 기업의 소유권을 나타내는 증서입니다. 어떤 회사의 주식을 사는 것은 그 회사의 일부를 소유하는 것입니다. 주식 시장은 주식을 사고파는 장소입니다. 주식 시장에서 주가는 수요와 공급에 따라 변동됩니다. 많은 사람이 사고 싶어 하면 주가는 상승하고 많은 사람이 팔고 싶어 하면 주가가 하락합니다.

주식의 가장 큰 장점 중 하나는 수익을 얻을 수 있다는 점입니다. 주식을 가지고 있는 동안 회사가 잘 성장하면 그 회사의 주가는 올라가게 됩니다. 주가가 올라가면 자신이 산 가격보다 비싸게 팔 수 있어 이익을 얻을 수 있습니다. 또 이익의 일부를 주주에게 배당금이라는 형태로 나눠주기도 합니다. 배당금은 주식을 보유하고 있는 대가로 받는 돈입니다. 하지만 주식 투자에는 위험도 따릅니다. 주가는 항상 오르기만 하는 것이 아니기 때문에 투자한 회사의 실적이 나빠지면 돈이 줄어들 수도 있습니다.

주식 투자에는 여러 전략이 있습니다. 장기 투자는 오랜 기간 주식을 보유해 기업의 성장과 함께 주가가 오르기를 기다리는 것입니다. 반면 단기 투자는 주가의 작은 변동을 이용해 빠르게 매매하여 수익을 얻습니다. 어느 것이 더 좋거나 나쁘기보다 각자의 성향에 맞는 전략을 선택하는 것이 중요합니다.

주식 투자에서 가장 중요한 것은 감정을 조절하는 것입니다. 시장이 급락할 때는 불안과 두려움이 커지지만 이럴 때일수록 감정에 휘둘리지 않고 냉정하게 시장을 분석할 수 있어야 합니다. 주식 시장에 대한 관심은 우리나라 경제 발전에 대한 관심으로 이어지는데, 이는 우리나라 경제를 발전시키는 데 도움이 될 것입니다.

1문단: **검은 월요일의 유래와 대폭락의 정의**　　2문단: **대폭락이 개인 및 기업에 미치는 영향**
3문단: **대폭락이 경제 전반에 미치는 영향**　　4문단: **대폭락에 대한 대응 방법과 교훈**

4 지속 가능한 경제 발전이란 무엇일까?

　　지속 가능한 경제 발전은 1987년 세계 환경 개발 위원회가 발표한 브룬틀란 보고서 혹은 '우리 공동의 미래'에서 처음 제시됐다. 이 보고서의 지속 가능한 발전은 현세대의 개발 욕구를 충족시키면서 미래 세대의 개발 능력을 저해하지 않는 환경친화적 개발을 의미하는 것으로, 각종 개발에 환경친화성을 평가해 정책에 반영하여 미래 세대가 보존된 환경에서 발전하는 것을 말한다. 즉 지속 가능한 경제 발전은 현재의 필요를 충족시키면서 미래 세대의 필요를 해치지 않는 경제 발전 방식이다. 환경과 사회적 측면까지 고려하여 지금의 이익보다 다음 세대가 누릴 수 있는 자원과 기회 보존에 중점을 둔다.

　　지속 가능한 경제 발전은 환경, 사회, 경제 세 가지가 서로 밀접하게 연결되어 균형을 이루어야 한다. 첫 번째 기둥인 환경은 자연 자원과 생태계의 보호로 깨끗한 공기와 물, 건강한 생물 다양성을 유지하는 것이다. 두 번째 기둥인 사회는 모든 사람의 권리와 기회를 보장하는 것이다. 여기에는 교육, 의료, 안전한 노동 환경 등이 포함된다. 사회가 건강하고 안정적이어야 경제도 발전할 수 있다. 마지막 경제 기둥은 효율적인 자원 사용과 지속 가능한 방식의 성장을 목표로 한다. 이 세 기둥은 서로 영향을 주고받으며 조화를 이루어야 한다. 이를 통해 지속 가능한 경제 발전이 가능하다.

　　지속 가능한 경제 발전을 위해 재생 가능한 에너지를 사용하고 친환경 제품을 생산해야 한다. 재생 가능 에너지의 사용은 환경을 보호하면서 경제 성장을 이끄는 중요한 방법이다. 태양광, 풍력, 수력 같은 에너지원은 고갈되지 않는다. 친환경 제품 생산 역시 지속 가능한 경제 발전의 사례이다. 재활용 소재를 사용한 운동화를 출시하는 등 많은 기업이 환경친화적인 원료를 사용하고 생산 과정에서 오염을 최소화하기 위해 노력하고 있다. 일회용 대신 재사용 가능한 용기를 제공하거나 생분해성 소재를 개발하는 등 플라스틱 사용을 줄이기 위한 노력도 늘고 있다.

지속 가능한 경제 발전은 큰 것이 아니다. 작은 것부터 실천해야 한다. 불필요한 전등을 *끄고* 에너지 효율이 높은 가전제품을 사용하는 등 에너지를 절약하는 습관이 시작이다. 대중교통이나 자전거 이용을 늘리거나 걸어서 탄소 배출도 줄이는 것도 좋다. 재활용 캠페인을 열어 자원 순환의 중요성을 알리고 지역 주민들이 함께 활동하는 것도 좋은 방법이다. 지역 상점이나 시장에서 친환경 제품을 구매하는 것도 중요하다. 지역 생산물은 교통으로 인한 탄소 배출을 줄이고 지역 경제를 도울 수 있다. 교육과 홍보 활동을 통해 지속 가능성의 중요성을 널리 알리며 개인과 지역 사회가 함께 실천한다면 지속 가능한 경제 발전을 이루어 나갈 수 있다.

- 문단별로 핵심어를 찾아 동그라미 표시해 보세요.

- 각 문단의 중심 내용을 정리해 보세요.

  1문단:

  2문단:

  3문단:

  4문단:

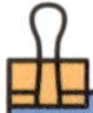

- 지속 가능한 경제 발전이 가능할까요? 지속 가능한 경제 발전이 가능 또는 불가능하다고 생각한다면 그 이유는 무엇인가요?

- 지속 가능한 경제 발전이라는 말은 무슨 뜻일까요? 지속 가능한 경제 발전을 위한 구체적인 방법은 무엇이 있을까요?

- 어떻게 하는 것이 지속가능한 발전인지, 지속 가능한 발전을 위해서 사람과 기업은 어떻게 해야 하는지에 대해 생각해 보고 지속 가능한 경제 발전에 대한 나의 생각을 정리해서 적어 봅시다.

그린 뉴딜Green New Deal은 녹색을 뜻하는 '그린'과 미국 루스벨트 대통령이 대공황 극복을 위해 추진한 경제 정책인 '뉴딜'의 합성어로 기후 변화와 경제적 문제를 동시에 해결하기 위한 혁신적인 정책입니다. 이 정책은 친환경 산업과 대규모 투자를 통해 경제 성장과 일자리 창출을 목표로 합니다. 이 정책을 제안한 경제학자 토머스 프리드먼은 기후 위기를 극복하기 위해 화석 연료 기반 질서를 신재생 에너지로 전환하는 것이 필요하다고 목소리를 높였습니다. 기존의 화석 연료 대신 친환경 에너지를 활용하고 산업 구조를 변화시켜 양질의 일자리를 만들어 내는 것을 목표로 합니다. 특히 기후 변화와 환경 오염에 취약한 계층의 상황을 개선하는 데 중점을 두고 있습니다. 이와 함께 도시, 공간, 생활 인프라를 친환경적으로 전환합니다.

우리는 온실가스 배출을 줄이면서 일자리와 소득을 창출해 경제를 활성화하는 선순환 구조를 만들어 나가고 있습니다. 기후 변화를 감지하고 환경 파괴를 최소화하기 위한 노력은 전 세계적으로 더욱 중요해지고 있습니다. 각국은 저탄소 사회로 나아가기 위해 다양한 방법을 모색하고 있으며 온실가스를 감축하고 환경을 보호하는 친환경 흐름에 함께하고 있습니다.

나뿐만 아니라 앞으로 지구에서 살아갈 후손을 위해서라도 그린 뉴딜은 시작되어야 합니다. 그린 뉴딜은 우리가 직면한 여러 문제를 해결할 수 있는 중요한 열쇠가 될 것입니다.

답

1문단: **현세대와 미래 세대의 균형을 강조하는 지속 가능한 발전**
2문단: **환경, 사회, 경제의 균형의 필요성**
3문단: **재생 가능 에너지와 친환경 제품 생산의 중요성**
4문단: **지속 가능한 경제 발전을 위한 실천 노력**

5. 부의 불균형 문제는 어떻게 해결할 수 있을까?

사회에서 재산이나 소득이 불균형하게 분포되는 것을 부의 불균형이라고 한다. 케네디는 부통령에게 보낸 편지에, 세계에서 가장 부유한 국가 중 하나인 미국의 전체 국민 중 6분의 1이 절대 빈곤에 처해 있다며 이러한 '풍요 속의 빈곤'은 우리가 절대 넘길 수 없는 역설이라고 지적했다. 이 편지를 받은 부통령 존슨은 대통령이 되어 빈곤과의 전쟁을 선포하고 부의 불균형을 해결하기 위해 노력했다. 그의 복지 프로그램들을 통해 빈곤율은 감소했지만 부의 불균형 문제가 완전히 해결되지는 않았다. 부의 불균형 문제는 여전히 사회적 갈등을 유발하고 있다.

부의 불균형이 발생하는 원인은 여러 가지가 있다. 첫째, 교육과 기회의 차이이다. 교육 수준이 높을수록 전문직이나 고소득 직종에 진입할 수 있는 가능성이 커진다. 하지만 교육을 받지 못한 사람들은 저임금 일자리에 머물러 소득 차이가 발생하며 부의 불균형이 심화된다. 둘째로 산업 구조의 변화도 중요한 원인 중 하나이다. 특히 기술이 발전하고 자동화가 진행되면서 전통적인 일자리가 사라지고 있다. 이러한 변화는 최신의 기술에 대한 접근이 쉽지 않은 저소득층에게 더 큰 타격을 주며, 그 결과 더 많은 경제적 어려움을 겪게 된다. 이 외에도 다양한 문제들이 복합적으로 작용해 부의 불균형 현상이 발생한다.

부의 불균형 문제를 해결하기 위해서는 다양한 방면에서의 접근이

필요하다. 우선 정부와 지역 사회에서 저소득층 가정의 학생들에게 장학금, 멘토링 프로그램, 다양한 교육 자원을 제공하는 등 교육의 기회를 확대함으로써 모든 학생이 평등한 교육을 받을 수 있도록 해서 학생들이 더 나은 미래를 꿈꿀 수 있게 도와야 한다. 저소득층을 위한 복지 프로그램의 확대, 실업 지원, 주거 지원, 건강 보험 등 사회 안전망을 강화하는 것도 필요하다. 이러한 프로그램은 저소득층이 기본적인 생활을 유지할 수 있도록 도우며 경제적 안정성을 높인다. 이것이 지속적으로 시행되기 위해서는 정부와 시민 사회가 함께 협력해야 한다.

부의 불균형을 해결하기 위해서는 우선 이 문제가 얼마나 심각한지를 인식해야 한다. 부의 불균형은 사회 전반에 걸쳐 여러 가지 부작용을 야기할 수 있다. 부의 불균형이 개인의 삶에 미치는 영향을 이해하지 못하면 결국 사회 전체의 안정과 발전에 큰 문제가 나타날 것이다. 이러한 부의 불균형 문제를 해결하기 위해 자원봉사나 직접적인 도움, 기부 등의 다양한 노력이 필요하다. 국가적으로 부의 불균형을 해결하려는 노력도 필요하지만 개인들이 이 문제에 대해 인식하고 적극적으로 참여해야 더 나은 사회로 나아갈 수 있다.

- 문단별로 핵심어를 찾아 동그라미 표시해 보세요.

- 각 문단의 중심 내용을 정리해 보세요.

    1문단:

    2문단:

    3문단:

    4문단:

- 우리가 사는 사회의 부가 불균형하다고 생각하나요? 부의 불균형 현상에 대해 찬성 또는 반대한다면 그 이유는 무엇인가요?

- 우리가 사는 사회가 부의 불균형이 심각하다면 그것을 줄일 수 있는 더 좋은 방법은 없을까요?

- 우리 사회의 부가 균형을 이루고 있지 못하다면 그것의 원인이 무엇인지 어떻게 해결해야 할지 나의 생각을 정리해서 적어 봅시다.

자본주의는 개인이나 기업이 자산을 소유하고 이를 통해 이익을 추구하는 경제 시스템입니다. 이 시스템에서는 자유롭게 상품과 서비스를 사고팔 수 있으며, 가격은 시장의 수요와 공급에 따라 결정됩니다. 수요는 물건을 사고자 하는 욕구이고 공급은 재화와 서비스를 시장에 제공하는 것으로 수요가 증가하면 가격이 올라가고 공급이 증가하면 가격이 내려가며 시장은 균형을 이룹니다.

자본주의에서 '자본'과 '부'의 개념은 다릅니다. 자본이란 투자를 목적으로 생산에 투입되는 돈, 재화, 노동 등을 포함합니다. 이는 생산성을 높이고 이윤을 창출하기 위한 기반이 됩니다. 그에 반해 부는 금고나 땅속에 묻혀 있거나 비생산적인 활동에 소비되는 자원으로 생산적인 활동을 통해 이익을 창출하지 않는 자산입니다. 또한 자본처럼 경제 활동에 기여하지 않습니다.

자본을 통해 금전적 이득인 이윤을 추구해야 하는데, 이때 이윤은 자본주의에서 필수 요소로 일정 기간 총수입에서 모든 비용과 지출을 제하고 남는 소득입니다. 이윤이 있어야 자본주의가 원활하게 이루어집니다. 자본가는 이윤을 통해 더 많은 자본을 쌓고, 이를 다시 생산에 재투자해서 경제 활동을 확대합니다. 이 과정에서 기업의 성장과 고용 창출이 일어나며 국가 경제 발전에도 기여합니다.

자본주의에서는 자본과 노동의 순환이 경제 활동의 핵심 요소로 작용합니다. 자본은 오늘날 경제 시스템의 근간을 이루는 기초로 자리 잡고 있으며 앞으로도 중요한 역할을 담당하게 될 것입니다.

답

1문단: 부의 불균형과 빈곤의 역설 지적

2문단: 불균형 원인인 교육과 기술 변화

3문단: 부의 불균형을 해결하기 위한 방안

4문단: 부의 불균형에 대한 인식과 개인 참여

환경과 경제는
어떤 상관관계를 갖고 있을까?

1870년경 전 세계적으로 산업 혁명이 확산되면서 인구와 경제가 급격히 성장했다. 이 시기에 새로운 기계와 기술이 도입되면서 많은 사람이 공장에서 일하게 되었고 생산량이 크게 증가했다. 경제가 성장함에 따라 자원과 에너지 소비도 급격히 늘어났다. 특히 석탄과 석유 같은 화석 연료의 사용이 폭발적으로 증가하면서 오염 물질이 대량으로 배출되었다. 생산이 증가함에 따라 소비도 증가했는데 이는 환경에 심각한 영향을 미쳤다. 공장에서 나오는 연기와 화학 물질은 대기와 수질을 악화시켰고, 소비가 증가함에 따라 원자재와 에너지 수요도 증가해 자원이 소진되고 있으며 대량 생산과 소비로 인한 다양한 폐기물들이 처리되지 않고 쌓여 환경 오염을 초래하고 있다.

언뜻 보면 환경과 경제는 전혀 관계가 없을 것 같지만 깊은 연관이 있다. 어느 한쪽이 무너지면 다른 한쪽도 큰 타격을 받는다. 경제 성장은 국가와 사회의 발전을 위한 필수적이며 더 나은 생활을 누릴 수 있게 돕는다. 그러나 경제가 성장할 때 환경을 고려하지 않으면 환경이 오염되거나 파괴될 수 있다. 1952년 석탄 연료의 과다한 사용으로 발생한 런던 스모그 사건으로 인해 4,000명 이상의 사망자가 발생했고 일본에서 미나마타 병이 발생하기도 했다. 이렇게 경제와 환경은 상호 의존적인 관계에 있으며 지속 가능한 발전을 위해서는 두 요소가 조화를 이루어야 한다.

경제 성장은 지속 가능한 발전의 기반이 된다. 경제가 튼튼해지면 환경 보호를 위한 정책과 기술 개발에 필요한 지원을 더 쉽게 마련할 수 있다. 결국 경제 성장과 환경 보호는 상호 보완적인 관계에 있으며 두 요소의 균형이 중요하다. 환경을 고려한 경제 정책은 지속 가능한 발전의 방향성을 제시하며, 이는 단순히 경제적 이익만이 아니라 환경 보호와 사회적 공정성을 포함하는 것이다. 최근 몇 년 동안 다양한 기술들이 개발되면서 환경 보호를 위한 효율적이고 경제적인 방법들이 제시되고 있다. 이러한 기술 혁신은 환경 보호뿐 아니라 경제 성장에도 긍정적 영향을 미치며 궁극적으로 지속 가능한 발전을 위한 필수적인 요소로 자리 잡고 있다.

지속 가능한 발전을 위해서는 환경 보호와 경제 성장 간의 균형을 찾아야 한다. 환경 보호는 단순히 비용을 지출하는 것이 아니라 미래의 경제적 기회를 창출하는 중요한 투자이다. 환경 보호와 경제 성장이 공존할 수 있는 길을 적극적으로 모색해야 한다. 이를 통해 미래 세대에게 건강하고 지속 가능한 지구를 물려주고 동시에 경제적 번영을 이룰 수 있는 길로 나아가야 한다. 이러한 노력이 우리 사회의 지속 가능한 발전을 위한 필수 요인이 되며, 환경과 경제가 조화를 이루는 지속 가능한 미래를 구축하는 데 기여할 것이다.

- 문단별로 핵심어를 찾아 동그라미 표시해 보세요.

- 각 문단의 중심 내용을 정리해 보세요.

  1문단:

  2문단:

  3문단:

  4문단:

- 경제를 개발할 때 환경을 고려해야 할까요? 경제 개발에서 환경을 고려하는 것에 대해 찬성 또는 반대한다면 그 이유는 무엇인가요?

- 환경은 반드시 기업이나 국가가 보호하는 것이 아닙니다. 개인도 환경을 보호할수 있습니다. 개인이 환경을 보호할 수 있는 좋은 방법은 무엇이 있을까요?

- 경제를 개발하면 반드시 환경이 파괴되어야 할까요? 환경을 보호하기 위해서 경제는 개발하기 힘든 걸까요? 환경과 경제의 상관관계에 대한 나의 생각을 정리해서 적어 봅시다.

환경 쿠즈네츠 곡선^{Kuznets Curve}은 경제 성장과 환경 사이의 관계를 이해하는 데 도움이 되는 중요한 개념입니다. 이 곡선은 보통 역U자 형태로 그려지며, 경제가 성장함에 따라 환경이 어떻게 변화하는지를 보여줍니다.

경제가 성장하기 시작하면 사람들은 더 많은 제품을 만들고 더 많은 자원을 사용하게 됩니다. 이 과정에서 공장에서는 오염 물질이 나오고 자동차가 많이 다니면서 대기 오염도 증가해 초기 단계에서는 환경이 나빠집니다. 하지만 경제가 어느 정도 성장하면 상황이 달라집니다. 사람들이 환경 문제에 대해 더 많이 배우고 환경을 보호해야 한다는 인식이 커지기 시작합니다. 정부는 환경을 지키기 위한 법을 만들고 기업들은 깨끗한 기술을 사용하려고 노력합니다.

이런 변화가 생기면 경제는 계속 성장하면서 환경이 개선되기 시작합니다. 경제가 발전할수록 사람들은 더 깨끗한 환경을 원하고 다양한 노력을 하게 되는 것입니다. 이렇게 환경 쿠즈네츠 곡선은 경제 성장이 일정 수준을 넘어서면 환경이 도리어 좋아지는 모습을 보여줍니다. 이 곡선은 단순히 경제 성장만을 강조하는 것이 아니라, 지속 가능한 발전을 위해 환경 보호도 중요하다는 메시지를 전달합니다.

이 곡선은 모든 나라에 똑같이 적용되는 것은 아닙니다. 각 나라의 경제, 정치, 문화적 배경에 따라 다르게 나타날 수 있습니다. 그러나 전반적으로 경제가 성장하면서 환경 문제를 해결해 나가는 과정은 많은 나라에서 공통적으로 발견됩니다. 지속 가능한 환경 보호와 균형을 이루도록 경제가 성장하도록 우리 모두 고민해야 합니다.

 **답**

1문단: **산업 혁명으로 인한 경제 성장과 환경 오염**　　2문단: **상호의존적 관계인 경제와 환경**

3문단: **경제 성장과 환경 보호의 균형**　　4문단: **지속 가능한 발전을 위한 투자 강조**

7

청소년 시기의 금융 교육이 왜 필요할까?

한국은행과 금융감독원이 발표한 조사에 따르면 우리 사회 전반적으로 금융 이해력이 부족한 상황이라고 한다. 청소년 시기에 제대로 된 금융 교육을 받지 못하면 성인이 되었을 때 금융 지식과 습관이 충분히 자리 잡지 않아 적절한 재정 관리 능력을 발휘하지 못하고 잘못된 금융 습관을 가질 수 있다. 청소년기는 재정적으로 독립하기 전 단계로 돈에 대한 올바른 개념과 습관을 배우기에 가장 적합한 시기이다. 이 시기에 금융 교육이 제대로 이루어지지 않으면 성인이 되었을 때 예산 관리나 신용 활용, 저축 같은 기본적인 금융 활동에서 어려움을 겪을 수 있다.

그러나 청소년기에는 대부분 금융 교육보다 학업에 치중하는 경우가 많아 기본적인 금융 개념을 배울 기회가 부족하다. 청소년의 대부분이 신용 카드 사용이나 합리적인 소비 습관, 투자와 같은 중요한 금융 활동을 제대로 이해하지 못한 채 성인이 된다. 금융을 제대로 공부하지 못한 상태에서 성인이 되면 마주하는 다양한 소비 상황에서 무엇을 어떻게 해야 하는지 알지 못하고 다양한 시행착오를 겪는다. 따라서 청소년기에 기본적인 금융 개념을 이해하고 실제 상황에 적용할 수 있는 금융 교육이 반드시 필요하다. 그래야 청소년들이 성인이 되었을 때 올바른 소비 습관을 형성하고 재정적인 독립을 준비할 수 있다.

우선 용돈 관리와 소비 습관을 익혀야 한다. 용돈을 받을 때 어떻게 쓸 것인지 미리 계획을 세우고 그에 맞춰 소비하는 습관부터 길러야 한다. 용돈을 받으면 먼저 필요한 지출 항목을 정리하고 그에 따라 우선순위를 매기는 것이다. 이를 통해 자신의 소비 패턴을 이해하고 필요한 것과 충동적으로 사고 싶은 것 사이에서 균형을 잡는 능력을 기를 수 있으며 저축의 중요성도 깨달을 수 있다. 또한 학교나 다양한 프로그램을 통해 저축, 예산 관리, 투자 같은 기초적인 내용을 자연스럽게 배우는 것도 필수적이다. 이러한 교육을 통해 실질적인 금융 지식을 쌓을 수 있다.

청소년 시기의 금융 교육은 스스로 경제적인 결정을 내릴 수 있는 힘을 길러주는 중요한 과정이다. 이 시기에 제대로 된 금융 교육을 받아야 미래에 다양한 경제적 상황에 처했을 때 능동적으로 대응할 수 있는 기초적인 능력을 기를 수 있다. 돈의 가치를 이해하고 이를 관리하는 능력을 기르는 것은 금전적인 측면뿐 아니라 자신에 대한 신뢰와 자존감을 증진시켜 자신의 삶을 주도적으로 이끌어 가도록 돕는다. 체계적인 금융 교육을 통해 자신의 돈을 잘 관리하고 더 나아가 자신의 삶을 계획할 수 있어야 한다.

- 문단별로 핵심어를 찾아 동그라미 표시해 보세요.

- 각 문단의 중심 내용을 정리해 보세요.

    1문단:

    2문단:

    3문단:

    4문단:

자유롭게 **생각해** 봅시다

- 학교에서 금융 교육을 하는 것에 대해 어떻게 생각하나요? 학교에서의 금융 교육에 대해 찬성 또는 반대한다면 그 이유는 무엇인가요?

- 청소년기에 금융 지식을 키울 수 있는 다른 방법은 없을까요?

분명하게 **표현해** 봅시다

- 여러분은 금융 교육을 잘 받고 있다고 생각하나요? 금융 교육을 잘 받았다면 어떻게 받았나요? 금융 교육을 받지 못했다면 어떻게 받는 것이 좋다고 생각하나요? 청소년 시기 금융 교육의 필요성에 대한 나의 생각을 정리해서 적어 봅시다.

　경제를 공부하기 위해서는 기초적인 경제 용어부터 익히는 것이 필요합니다. 가장 기본적이면서도 중요한 개념 중 하나가 복리입니다. 복리는 이자가 원금에 더해져서 다시 이자를 발생시키는 금융 개념입니다. 복리는 이자를 포함한 이자의 개념으로 시간이 지남에 따라 자산이 기하급수적으로 증가합니다. 만약 100만 원을 은행에 예금하고 연 이자율이 5%라면 1년 후 105만 원이 됩니다. 2년 후에는 원금뿐 아니라 이전에 발생한 이자에도 이자가 붙어 110만 2,500원이 됩니다. 이처럼 매년 이자가 원금에 더해져서 다음 해에 더 많은 이자를 발생시키는 구조가 복리입니다.

　복리의 힘은 시간이 지남에 따라 커집니다. 시간이 지나면서 발생하는 이자의 누적 효과가 복리의 핵심입니다. 같은 이자율로 투자하더라도 투자하는 기간이 길수록 더 많은 수익을 얻기 때문입니다. 매년 5%의 이자를 받을 때 10년 후에는 약 162만 원을 받지만 30년 후에는 거의 432만 원에 달합니다. 이는 시간의 힘이 얼마나 커지는지 잘 보여줍니다.

　워런 버핏Warren Buffett은 미국의 투자자로 한때 주식 투자로 세계 1위 부자에 오르기도 했습니다. 워런 버핏이 자신이 큰 부를 축적할 수 있었던 비결로 '시간과 복리의 마법'을 꼽기도 할 만큼 복리는 경제에서 중요한 개념입니다. 복리를 활용하는 가장 좋은 방법은 일찍 시작하는 것입니다. 어른이 되어서 경제를 공부하면서 복리의 개념을 적용하는 것보다 어려서부터 저축을 시작하면 더 빨리 자산을 늘릴 수 있습니다. 이러한 경제적인 개념을 하나씩 익히며 경제를 공부한다면 금융 이해력이 뛰어난 어른으로 성장할 수 있을 것입니다.

 답

1문단: **청소년기 금융 교육의 필요성**　　　2문단: **금융 이해 부족으로 인한 문제점**

3문단: **용돈 관리와 소비 습관의 중요성**　　　4문단: **경제적 결정 능력 향상의 중요성**

8

기본 소득제 도입은
과연 적절한 선택일까?

기본 소득제는 정부가 모든 국민에게 최소한의 생활을 유지할 수 있도록 정기적으로 일정한 금액을 지급하는 제도이다. 대표적인 것으로 미국의 알래스카주에 연금 배당금이라고 하는 주민 배당금이 있다. 알래스카가 함께 공유하고 있는 석유 자원에서 나오는 이익을 알래스카에 1년 이상 거주한 모든 시민권자에게 매년 한 번씩 지급하는 것이다. 기본 소득제는 특정한 조건 없이 모든 국민에게 지급되기 때문에 소득이 낮거나 불안정한 사람들에게 큰 도움이 된다. 특히 저소득층이나 실업자는 기본적인 필요를 충족해 안정성을 느낄 수 있다. 또 기본 소득제는 점점 커지는 소득의 차이로 인한 경제적 불평등을 완화하는 데도 기여한다.

기본 소득제의 가장 큰 장점은 모든 사람이 기본적인 생활을 할 수 있도록 보장한다는 점이다. 특히 저소득층이나 경제적인 어려움을 겪고 있는 사람들이 생계에 대한 걱정을 덜고 기본적인 필요를 충족하게 해 안정적인 생활을 할 수 있도록 돕는다. 기본 소득제는 경제적 압박을 줄여줘서 사람들이 생계를 유지하기 위해 힘든 일을 억지로 하기보다 자신의 관심 분야에 더 많은 시간을 투자할 수 있게 한다. 이는 자아실현과 다양한 문화·창의적 활동으로 이어져 사회 전반에 긍정적인 영향을 미치게 되고, 이는 곧 경제 성장과 사회직 연대 및 협력이 강화되는 효과가 있다.

하지만 기본 소득을 많이 지급하면 정부의 세금 부담이 증가할 수

 모든 국민에게 돈을 지급해야 하므로 그 금액이 상당히 클 것이다. 세금 부담이 늘어나면 경제 전반에 부정적인 영향을 미칠 수 있다. 또 기본 소득이 지급되면 일부 사람들은 최소한의 생활비가 보장된다는 이유로 일을 하지 않으려고 할 가능성이 있다. 이로 인해 사람들이 노동 의욕이 떨어지면 경제 활동이 위축되고 국가의 생산성이 감소할 수 있다. 더 나아가 기본 소득이 지급되더라도 여전히 자산이나 소득 차이가 존재하기 때문에, 경제적 불평등을 근본적으로 해결하기 어려워 기본 소득제 도입에 신중할 필요가 있다.

기본 소득의 장단점을 고려해 각국의 사회적, 경제적 상황에 따라 기본 소득 도입 여부를 신중하게 결정해야 한다. 기본 소득제가 성공적으로 운영되려면 사회적 합의와 지지가 필수적이다. 정책 도입에 앞서 국민의 의견을 충분히 반영하고 기본 소득이 사회에 어떻게 기여할 수 있는지를 명확히 설명하는 것이 필요하다. 이러한 과정을 거쳐 국민에게 기본 소득의 필요성을 이해시키고 적극적인 참여를 유도해야 한다. 이러한 과정이 없다면 기본 소득제는 재정적인 부담으로만 인식될 위험이 있다. 다양한 의견과 연구가 필요한 만큼 기본 소득제에 대한 활발한 논의가 이루어져야 그 효과를 높일 수 있다.

- 문단별로 핵심어를 찾아 동그라미 표시해 보세요.

- 각 문단의 중심 내용을 정리해 보세요.

  1문단:

  2문단:

  3문단:

  4문단:

- 모든 국민이 똑같이 최소한의 생활을 유지할 수 있는 기본 소득을 받는다면 우리 사회는 어떻게 될까요? 기본 소득에 대해서 긍정 또는 부정적으로 생각한다면 그 이유는 무엇인가요?

- 기본 소득은 경제적 불평등을 줄일 수 있다고 합니다. 경제적 불평등을 줄일 수 있는 다른 방법은 없을까요?

- 처음에 무상 급식이 도입될 때 많은 논란이 있었습니다. 지금은 학교에 다니는 학생 누구나 무상으로 급식을 먹습니다. 기본 소득도 이와 비슷한데요. 기본 소득의 도입에 대한 나의 생각을 정리해서 적어 봅시다.

우리는 점심 급식을 먹을 때 돈을 내지 않습니다. 처음부터 그랬던 것은 아닙니다. 하지만 경제적 어려움으로 급식비를 낼 수 없는 아이들은 급식을 먹지 못했고 이로 인해 제대로 공부하지 못하는 상황이 발생하기도 했습니다. 그래서 정부는 모든 학생이 균형 잡힌 식사를 할 수 있도록 무상 급식을 도입했습니다.

처음에는 일부 저소득층 가정의 학생들만을 대상으로 시범적으로 시행되었지만 곧 모든 학생들에게 확대되었습니다. 저소득층 무상 급식이 처음 도입된 것은 2001년 경기 과천시였습니다. 이후 2007년 경남 거창에서 자치단체 단위로 보편적 무상 급식이 시행되었으며 2010년 지방선거 때 본격적으로 공약화되면서 추진되었습니다. 이를 통해 사회는 아이들이 건강하게 성장할 수 있도록 지원하고 교육의 기회를 평등하게 제공하는 방향으로 나아갔습니다.

무상 급식이 도입된 후 학업 성취도와 건강 상태가 개선되었다는 연구 결과가 있습니다. 급식을 통해 더 나은 학습 환경이 조성된 것입니다. 무상 급식은 단순히 식사를 제공하는 것 이상의 의미가 있습니다. 이는 경제적 불평등을 줄이고 모든 아이들이 동등한 기회를 가질 수 있도록 돕는 중요한 정책입니다.

무상 급식은 보편적 복지의 일부로 볼 수 있습니다. 보편적 복지는 소득에 따라 세금을 내고 시민이 모두 보편적으로 수혜를 받는 것을 말하는데, 이는 경제적 불평등을 줄이고 사회적 안전망을 강화하는 데 큰 역할을 합니다. 보편적 복지를 통해 모든 국민이 최소한의 생활을 유지한다면 사회의 불평등을 줄이고 모든 사람이 행복하게 살아갈 수 있을 것입니다.

1문단: **최소 생활비를 보장하는 기본 소득**   2문단: **기본 소득의 긍정적인 측면**
3문단: **기본 소득의 우려되는 측면**   4문단: **기본 소득이 도입되기 위한 요건**

고등학교에 가기 전에 반드시 익혀야 할 비문학 독해에 관한 모든 것

어서 와, 중등 비문학은 처음이지? 하

초판 1쇄 발행 2025년 9월 25일

지은이 배혜림
그린이 편히
펴낸이 민혜영
펴낸곳 데이스타
주소 서울특별시 마포구 월드컵로14길 56, 3~5층
전화 02-303-5580 | **팩스** 02-2179-8768
홈페이지 www.cassiopeiabook.com | **전자우편** editor@cassiopeiabook.com
출판등록 2012년 12월 27일 제2014-000277호